대영부비전

엄윤문편

동양서적

편자 : 엄 윤 문
현직 : 사단법인 한국역리학회 학술위원
　　　　한국역술인협회
　　　　청운역학연구원장
저서 : 명학바해
　　　　한시작법
　　　　격국용신론전서 상·중·하권
　　　　대정작괘감명법
　　　　제갈공명비법
　　　　평생사주
　　　　주역사주
　　　　주역신수

발 간 사

　인류의 역사는 행복을 추구하며 살다간 사람들의 점철된 기록이며 또 앞으로 영원히 행복을 바라면서 살아갈 것이다.

　옛 선철들은 행복을 바라는 마음에서 그 방편으로 영부비법을 창안했다. 이것은 정신적 동물인 인간이기 때문에 지극히 당연한 결과이다. 인간이 다만 먹고 자고 벌고 쓰고만 한다면 인생에 무슨 의의가 있겠는가.

　인간이 과학이나 이론이나 분석으로 증명되지 않는 것을 미신이라고 배격하는 것같이 어리석은 일이 없다. 모든 동물 가운데 인간만이 지니는 위대한 정신적 산물인 철학이나 종교는 참으로 고귀한 인생의 특권이자 그것이 바로 행복인 것이다.

　국내에는 영부비전에 관한 국내연구가의 발표서적이 있기는 하다. 그러나 다만 단편적인 내용인 것 뿐이여서 금번 동양고전을 총망라하여 영부비전을 집대성하게 되었다. 특히 본 대전의 편집에 있어서는 각국의 가장 권위 있고 대표적인 영부서적을 참고하였는데 한국의 김현석편 영부비전서와 일본의 운명학회편 비법대전집과 중국의 영부비대전을 체계화 수록했다.

　어떤 고원한 진리나 설법도 의심을 품고 시험적 유희적 태도를 가지면 결코 효과는 나타날 수가 없는 법이다.　　　　　구하라 얻을 것이다. 믿는

자에게는 만사 이루어지리라.

　부기하고자 하는 바는 영부를 활용함에는 첫째 규정에 의한 정확한 작부요 둘째 작부자의 정성과 기도가 있어야 하고 세째 활용자가 신념을 가지고 신성스런 몸과 마음을 가져야 한다. 이 사항 중 어느 하나라도 소홀히 하면 효력은 반감 내지 전무하게 됨을 명심해야 한다. 다음 수법을 지켜야 한다.

수 법(修 法)

① 몸과 손을 씻고 입을 헹구고 일체의 사념을 버리고 마음을 평정시킨다.

② 주위를 청결히 하고 조용한 환경에서 행한다.

③ 안혼정백(安魂定魄)한 경면주사(鏡面朱砂), 붓(筆), 종이(紙), 판(板) 등은 모두 새것으로 이용한다.

④ 영부를 작부할 때는 무념무상으로 심호흡한 뒤 념력을 드리여 일기(一氣)로 쓴다.

⑤ 먹는 부는 엷은 종이를 쓰고 획은 묽고 작게 쓴다(최근의 용지는 제조시 약품을 사용하기 때문에 먹으면 안된다. 따라서 소지하여도 무방하니 지니도록 한다).

⑥ 작부한 뒤에는 제의(祭儀)와 입혼수법(入魂修法)을 행하고 영험가호(靈驗加護)를 신념으로 기원한다.

목 차

一 만사대길(萬事大吉) …… 31
  1. 만사대길부(萬事大吉符)①②31
  2. 입춘대길부(立春大吉符)①②31
  3. 만방대통부(萬方大通符)①②32
  4. 적갑부(赤甲符) …………… 33

二 소원성취(所願成就) …… 33
  1. 소망성취부(所望成就符)①②34
  2. 소원성취부(所願成就符)①②34
  3. 필원부(必願符)①② ……… 35
  4. 치백사부①②③ ………… 36
  5. 입신출세부(立身出世符)①②36

三 옥추소원(玉樞所願) …… 36
  1. 옥추초구영삼정부(玉樞招九靈三精符)①② ………… 37
  2. 칠성부(七星符)①② ……… 38
  3. 탐낭부(貪狼符)①② ……… 38
  4. 거문부(巨門符)①② ……… 39
  5. 녹존부(祿存符)①② ……… 39
  6. 문곡부(文曲符)①② ……… 40
  7. 염정부(廉貞符)①② ……… 40
  8. 무곡부(武曲符)①② ……… 41
  9. 파군부(破軍符)①② ……… 41
  10. 목적달성부(目的達成符)①②③ …………………… 42
  11. 계획성취부(計劃成就符)①②③ …………………… 43

四 선신수호(善神守護) …… 43
  1. 선신수호부(善神守護符)①②44
  2. 태을부(太乙符) …………… 44
  3. 구요성부(九曜星符) ……… 45
  4. 팔문신장부(八門神將符) … 45
  5. 결승부(決勝符)①② ……… 47

五 악신퇴치(惡神退治) …… 48
  1. 악귀불침부(惡鬼不侵符)①②48
  2. 악귀퇴치부(惡鬼退治符)①②③ …………………… 48
  3. 귀신퇴치부(鬼神退治符)①②49
  4. 잡귀퇴치부(雜鬼退治符)①②50
  5. 가내백신불침부(家內百神不侵符)①②③④ ……… 50
  6. 요사퇴치부(妖邪退治符) … 52
  7. 관음부(觀音符) …………… 52
  8. 사귀퇴치부(邪鬼退治符)①②53
  9. 축귀부(逐鬼符)①②③ …… 53
  10. 귀신불침부(鬼神不侵符)①② …………………… 55
  11. 요귀퇴치부(妖鬼退治符)①②③ …………………… 55
  12. 인귀퇴치부(人鬼退治符) … 56
  13. 괴물퇴치부(怪物退治符)①②③④ ………………… 57

六 재액(災厄) …………… 58
  1. 수화재예방부(水火災豫防符)①② ……………………… 58
  2. 수액예방부(水厄豫防符)①②58
  3. 화액예방부(火厄豫防符)①②③ …………………… 59
  4. 손재수방지부(損財數防止符)①② ……………………… 60
  5. 실물방지부(失物防止符)①②61
  6. 실물찾는부①②③ ……… 61
  7. 벼락예방부(雷電豫防符)①②62
  8. 도난예방부(暗宅符)①② … 62

9. 도적불침부(盜賊不侵符)①② 63
10. 강도·도적예방부①② …… 63
11. 도적이 스스로 나타나는 부… 64

七 부정퇴치(不淨退治) …… 65
1. 부정을 씻는 부①②③ …… 65
2. 부정을 씻어내는 부①② …… 66
3. 부정탈(不淨頉)제거부①② … 67
4. 일체부정(一切不淨)퇴치부①② 68
5. 인부정(人不淨)제거부①② … 69
6. 의관(衣冠)·신(鞋)부정퇴치부 ①② …………………………… 69

八 관재(官災)·구설(口舌)·송사(訟事) ……… 70
1. 관재소멸부(官災消滅符)①② 70
2. 구설송사부(口舌訟事符) …… 70
3. 과실관재부(過失官災符)①② 71
4. 죄소멸부(罪消滅符)①②③ 71
5. 형면제부(刑免除符)①② … 72
6. 관액방지부(官厄防止符)①② 72
7. 관재구설(官災口舌) 예방 및 소멸부①②③④ …………… 73
8. 구설소멸부(口舌消滅符)①② 74
9. 송사(訟事)·시비(是非) 면하는 부①② …………………… 75
10. 관재(官災)·구설(口舌)·송사(訟事)·시비(是非)소멸부 ①②③ ……………………… 76
11. 시비(是非)소멸부①② …… 77

12. 소송부(訴訟符)①② ……… 78
13. 원한원적(怨恨怨敵)퇴치부 ①② ……………………………… 78
14. 원적(怨敵)을 물리치는 부 ①② ……………………………… 79
15. 악인개심부(惡人改心符)①② 79

九 사교(社交) …………… 80
1. 교제원만부(交際圓滿符) ①②③ ……………………………… 80
2. 인덕길부(人德吉符)①② …… 81
3. 귀인(貴人)을 면접하는 부①② 81
4. 애경부(愛敬符)①② ……… 82
5. 원한방지부(暗失符) ………… 83

十 신수(身數) …………… 83
1. 도액부(度厄符)①②③ …… 83
2. 태세부(太歲符)①②③ …… 84
3. 재앙(災殃)·횡액(橫厄)을 면하는 부①② ……………………… 85
4. 삼재부(三災符) …………… 85
5. 옥추삼재부(玉樞三災符) …… 87
6. 삼재퇴치부(三災退治符) …… 88
7. 삼재소멸부(三災消滅符) …… 88
8. 입삼재부(入三災符) ……… 89
9. 묵은삼재부(中三災符) …… 89
10. 출삼재부(出三災符) ……… 90
11. 삼재제부(三災諸符) ……… 90

十一 합격(合格) ………… 91
1. 합격부(合格符)①②③④ 91
2. 관직 구하는 부(大招官職符) ①② ……………………………… 92

3. 학업소마부(硯台符)……… 92
4. 장해물제거부(障害物除去符)①②……………… 93

十二 재산(財産)・사업(事業)……………… 94
1. 재수대길부(財數大吉符)①②……………… 94
2. 인화원만부(人和圓滿符)①②……………… 95
3. 재수지부(財數之符)①② 95
4. 재보자래부(財寶自來符)①②③……………… 96
5. 재리부(財利符)①②…… 97
6. 초재지부(招財之符)①② 98
7. 재산구부(財産救符)①② 98
8. 손재예방부(損財豫防符)①②……………… 99
9. 손재방지부(損財防止符)①②……………… 99
10. 지출방지부(飛康符)①② 100
11. 집 잘 팔리는 방법①② 100
12. 사업확장부①②……… 101
13. 부동산・동산 매도부①② 102
14. 추첨에 당첨하는 부①② 102
15. 재수대길부(財數大吉符)①②……………… 103
16. 만사대통부①②……… 103
17. 재수대길부(財數大吉符)①②……………… 104
18. 금은동철(金銀銅鐵)이득부①②……………… 104
19. 금은자래부귀부(金銀自來富貴符)①②……………… 105
20. 구재산부(救財産符)①② 105
21. 재물취득부(財物取得符)①②③④……………… 106
22. 사업흥왕부(事業興旺符)①②……………… 107
23. 복운부(福運符)①②… 108
24. 번영부(繁榮符)①②… 109
25. 중악부(中岳符)①②… 110
26. 실패방지부(失敗防止符)①②……………… 111
27. 물건이동부(物件移動符)①②……………… 112
28. 분실물 찾는 부……… 112

十三 연애(戀愛)・결혼(結婚)……………… 113
1. 인연부(因緣符)①②③④⑤⑥⑦……………… 113
2. 정통부(精通符)①②…… 116
3. 짝사랑 이루어지는 부①② 117
4. 결혼성취부(結婚成就符)①②……………… 118
5. 애정독점부(愛情獨占符) 118
6. 교제를 끊는 부………… 119

十四 부부(夫婦)・애정(愛情)……………… 120
1. 부부화합부(夫婦和合符)①②③……………… 120
2. 부부불화방지부………… 121
3. 부부불화예방부①②…… 121
4. 부부자손화합부①②…… 122

5. 부부해로부(夫婦偕老符) ①
     ② ················· 122
  6. 화합부(和合符) ①②③④
                        123
  7. 애정이 두터워지는 부 ····· 125
  8. 부부신액(夫婦身厄)예방부
                        125
  9. 언쟁방지부(言爭防止符) ①
     ② ················· 126
  10. 권태증(捲怠症)방지부 ①②
                        126
  11. 외도(外道)방지부 ① ② ③
     ④ ················· 127
  12. 규방(閨房)예방부 ······· 128
  13. 제첩부(除妾符) ①②③ 129

十五 임신(姙娠)·해산(解産) ············· 130
  1. 태를 편안케 하는 부 ····· 130
  2. 보태부(保胎符) ········· 132
  3. 유산·낙태방지부 ①② 133
  4. 낙태·사산방지부 ①② 134
  5. 피임부 ①② ············· 134
  6. 순산(順産)하는 부 ①② 135
  7. 난산방지부 ············· 136
  8. 최생부(催生符) ·········· 137
  9. 도산부(倒産符) ·········· 139
  10. 횡·도산(橫倒産)예방부 140
  11. 태혈속출부(胎血速出符) ①
     ② ················· 140
  12. 후산편안부(後産便安符) ①
     ② ················· 141
  13. 젖 잘 나오게 하는 부 ①②
                        141

十六 자손(子孫) ············· 142
  1. 자손 구하는 부 ①② ····· 142
  2. 아들 잉태하는 부 ①② ···· 142
  3. 생자소망부(生子所望符) 143
  4. 구자손부(求子遜符) ····· 143
  5. 남아양육부 ············· 144
  6. 자손화합부 ①② ········· 144
  7. 구녀성살(九女星殺) 막는 부
                        145
  8. 방탕을 막는 부 ①② ····· 146
  9. 가출예방부 ①② ········· 146
  10. 유혼부(游魂符) ········· 147
  11. 가출방지부 ①② ········ 147

十七 안택(安宅) ············· 148
  1. 가택평안부(家宅平安符) ①
     ②③ ················· 148
  2. 안택부(安宅符) ①②③ ·· 149
  3. 안택고사부(安宅告祀符) ①
     ②③ ················· 150
  4. 우환(憂患)소멸부 ①② ··· 151
  5. 가액(家厄)퇴치부 ①② ··· 151
  6. 가내대길부(家內大吉符) ①
     ② ················· 152
  7. 오방신(五方神)수호부 ···· 153
  8. 가정불화방지부 ①② ····· 157
  9. 친척화목부 ①② ········ 158
  10. 가화이득부(家和利得符) ①
     ② ················· 159
  11. 가운개운부(家運開運符) ①
     ② ················· 160
  12. 육친화합부(肉親和合符) ①
     ② ················· 161
  13. 쥐·뱀·벌레 물리치는 부
                        162

十八 동토(動土)·건축(建築)·수리(修理) …… 163
1. 동토부(動土符)①② …… 163
2. 백사동토부(百事動土符)① ② …… 164
3. 상충부(相冲符)①② …… 165
4. 기물예방부(器物豫防符)① ② …… 166
5. 목동부(木動符)①② …… 166
6. 동토예방부①② …… 167
7. 석동(石動)예방부①② …… 167
8. 오귀방(五鬼方)방지부①② …… 168
9. 진귀방(進鬼方)방지부 …… 168
10. 안손방(眼損方)방지부 …… 169
11. 채토부(採土符) …… 169
12. 흙 다루는 부적(動土符) …… 170
13. 나무 다루는 부적(動木符) …… 170
14. 돌 다루는 부적 …… 171
15. 채토방지부(採土防止符) 171
16. 입하예방부(入荷豫防符) 172
17. 개수예방부(改修豫防符) 172
18. 완왕입주부(完王入宙符) 173
19. 부증예방부(豫防符) …… 173
20. 토신예방부(土神豫防符) 174
21. 삼살방부(三殺方符) …… 174
22. 대장군부(大將軍符) …… 175
23. 조왕동토부(竈王動土符) 176
24. 대장군방(大將軍方)동토부 …… 176
25. 개공길리부(開工吉利符) 177
26. 가옥수리상충부(家屋修理相冲符) …… 178
27. 지신발동부(地神發動符) 178
28. 동토개공부(東土開工符) 179
29. 수주(堅柱)·상량부(上樑符)①② …… 180
30. 사충부(巳虫符) …… 181
31. 가축방지부 …… 181

十九 이사(移徙) …… 182
1. 이사탈소멸부 …… 182
2. 이사평안부(移徙平安符)① ② …… 182
3. 신옥이사부(新屋移徙符)① ② …… 183
4. 안손방(眼損方)이사부 …… 183
5. 오귀방(五鬼方)이사부 …… 184
6. 증파방(甑破方)이사부 …… 185
7. 진귀방(進鬼方)이사부 …… 185
8. 퇴식방(退食方)이사부 …… 186
9. 대장군(大將軍)·삼살방(三殺方)이사부 …… 186
10. 삼살방위부(三殺方位符) 187

二十 여행(旅行) …… 188
1. 원행안전부(遠行安全符) 188
2. 여행대길부(旅行大吉符) 189
3. 불길여행방지부 …… 189
4. 교통액(交通厄)방지부①② …… 190
5. 수륙원행부(水陸遠行符)① ② …… 190
6. 험로안전부(險路安全符)① ② …… 191
7. 노상횡액(路上橫厄)예방부 …… 191
8. 교통사고예방부(鎭輗神符)

①② ·············· 192
9. 사고방지안전부 ·········· 193

二十一 신앙(信仰)·영혼(靈魂) ······ 194
1. 위인염불부(爲人念佛符) 194
2. 부처님의 공덕을 구하는 부 194
3. 멸죄성불부(滅罪成佛符) 195
4. 모든 죄를 소멸해 달라는 부 195
5. 정토왕생부(淨土往生符) 196
6. 지옥을 벗어나게 하는 부 196
7. 파지옥생정토부(破地獄生淨土符)①② ·········· 197
8. 선인부(仙人符) ······· 197
9. 영생정토부(靈生淨土符) ①② ············ 198
10. 공덕부(功德符) ······ 198

二十二 장사(葬事) ·········· 199
1. 분묘개수부(墳墓改修符) ①②③ ············ 199
2. 중상중복(重喪重複)예방부 200
3. 상부정(喪不淨)예방부 ①② ············ 201
4. 광중을 편안케 하는 부 202
5. 장사완료부(葬事完了符) 202
6. 삼살진압부(三殺鎭壓符) 203
7. 장사지낸 뒤 부치는 부 203
8. 매아부(埋兒符) ········ 204
9. 조문문병(弔問問病)예방부 204
10. 조객(弔客)예방부 ···· 205
11. 상문조객살(喪問弔客殺) 제거부 ············ 205
12. 묘탈제거부 ········· 206

二十三 꿈(夢) ········· 207
1. 흉몽을 물리치는 부 ···· 207
2. 길몽부 ············· 208
3. 흉몽퇴치부 ·········· 208
4. 악몽을 꾸었을 때 ······ 209
5. 흉몽을 길몽으로 ········ 209

二十四 사주관살(四柱關殺) 210
1. 살(殺)을 제거하는 부 210
2. 상충살예방부(抹頭符) 210
3. 압살부(押殺符)①② 211
4. 흉살진압부(凶殺鎭壓符) 212
5. 화개살(華蓋殺) ······ 213
6. 도화살(桃花殺) ······ 213
7. 겁살(劫殺) ········· 214
8. 지살(地殺) ········· 214
9. 망신살(亡身殺) ······ 215
10. 월살(月殺) ········ 215
11. 백호대살부(白虎大殺符) ①② ············ 216
12. 사주흉살(四柱凶殺) 217
13. 사계살(四季殺) ······ 217
14. 백호대살(白虎大殺) 218

15. 양인살(羊刃殺) …… 218
16. 원진살(怨嗔殺) …… 219
17. 호리살부(狐狸殺符) 220
18. 삼형・육해살(三刑・六害殺) ………………… 220
19. 오귀살(五鬼殺) …… 221
20. 매아살(埋兒殺) …… 222
21. 투하살(投河殺) …… 222
22. 현량살(懸梁殺) …… 223
23. 관부살(官符殺) …… 223
24. 칠살(七殺) ………… 224
25. 역마살부・주도살(驛馬殺符・走跳殺) …… 224
26. 태음살(太陰殺) …… 225
27. 병부살(病符殺) …… 226
28. 사부살(死符殺) …… 227

二十五 소아관살(小兒關殺) 228

1. 야제관살(夜啼關殺) … 228
2. 계비관(鷄飛關) …… 228
3. 욕분관(浴盆關) …… 229
4. 백일관(百日關) …… 229
5. 천일관(千日關) …… 230
6. 단명관(短命關) …… 230
7. 낙정관(落井關) …… 231
8. 수화관(水火關) …… 231
9. 심수관(深水關) …… 232
10. 오귀관(五鬼關) …… 232
11. 오귀화살부(五鬼化殺符) 233
12. 토황신살(土皇神殺) 233
13. 염왕관(閻王關) …… 234
14. 귀문관(鬼門關) …… 234
15. 무정관(無情關) …… 235

16. 단장관(斷腸關) …… 235
17. 뇌공관(雷公關) …… 236
18. 탕화관(湯火關) …… 236
19. 천조살부(天弔殺符) 237
20. 백호살부(白虎殺符) 237
21. 비염살부(飛廉殺符) 238
22. 화상관(和尙關) …… 238
23. 급각관(急脚關) …… 239
24. 단교관(斷橋關) …… 239
25. 금쇄관(金鎖關) …… 240
26. 사주관(四柱關) …… 240
27. 장군전(將軍箭) …… 241
28. 철사관(鐵蛇關) …… 241
29. 직난관(直難關) …… 242

二十六 질병(疾病)・횡액(橫厄) ………………… 242

1. 질병불침부(疾病不侵符) 242
2. 통치백병부(統治百病符) ①② ………………… 243
3. 장기치료부(長期治療符) ①② ………………… 244
4. 불수생사부(不受生死符) 244
5. 약력부(藥力符)①②③ 245
6. 식욕증진부(食慾增進符) 246
7. 질병불침부(疾病不侵符) 246
8. 질병치료부(疾病治療符) ①② ………………… 247
9. 백병치료부(百病治療符)1 ①② ………………… 247

10. 백병치료부 2 ………… 248
11. 백병예방부(百病豫防符)①② ………… 248
12. 병치료부(病治療符)①② ………… 249
13. 만병통치부(萬病統治符) 1 ………… 250
14. 만병통치부 2 ………… 250
15. 환자보호부(患者保護符)①②③ ………… 251
16. 환자회복부(氣勞符) 252
17. 장수부(長壽符)①② 252
18. 생사부(生死符) ………… 253
19. 전염병(傳染病)예방부①②③ ………… 253
20. 학질(瘧疾)예방부 …… 254
21. 외과·내과환자부(治百病符)①② ………… 255
22. 눈·코·귀·이(眼·鼻·耳·齒)병퇴치부 …… 255
23. 부녀백병(婦女百病)치료부 ………… 256
24. 월경불순(月經不順)①②③ ………… 257
25. 대하증(帶下症)①② 258
26. 유종(乳腫)①② …… 258
27. 부녀잡증(婦女雜症)①②③ ………… 259
28. 수경부(收驚符)①② 260
29. 경기(驚氣)치료부①② ………… 261
30. 젖(乳)을 토할 때 …… 262
31. 야제부(夜啼符)①② 262
32. 오줌싸개치료법①②③ 263

33. 환중불약부 ………… 264
34. 사골투태부(死骨投胎符) 264
35. 환중불약부(患中不藥符) 265
36. 잠오게 하는 법(催眠符)①② ………… 265
37. 가위눌릴때부 ……… 266
38. 정신이 맑아지는 법… 266
39. 정신광난치료부①② 267
40. 성격개조부 ………… 267

二十七 가축(家畜) ………… 268
1. 가축(家畜)이 잘 자라게 하는 부 ………… 268
2. 돌림병(蘊疫)방지부 … 269
3. 온역퇴치부(蘊疫退治符) 270
4. 가축병퇴치부 ……… 271
5. 소병 ………… 271
6. 돼지병 ………… 272
7. 닭·오리병 ………… 272
8. 개병 ………… 273
9. 들짐승막는 부 ……… 273
10. 쥐를 쫓는 부①② …… 274
11. 계아압길부 ………… 275
12. 육축대길부(六畜大吉符) 275

부적을 만드는 요령 ………… 276
부록 ………… 279

一. 만사대길(萬事大吉)

1 만사대길부(萬事大吉符)

만사대길(萬事大吉)이란 소원성취(所願成就), 벼슬, 재물, 부부화합(夫婦和合), 자손창성(子孫昌盛), 건강(健康), 장수(長壽), 사업대성(事業大成) 등 인간만사(人間萬事) 모든 방면에 있어 길복(吉福)을 초래하고 재앙(災殃)이 침범치 말기를 원하는 것으로써 아래에 있는 여러가지 만사대길부(萬事大吉符) 가운데서 임의로 골라 사용하면 위에 말한 모든 방면에 대길(大吉)하다.

①

②
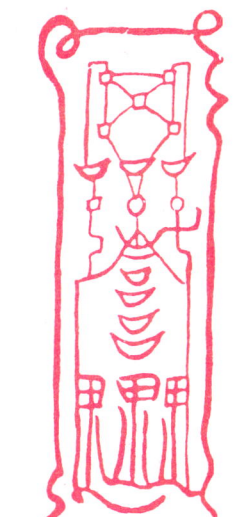

2 입춘대길부(立春大吉符)

아래의 부적중 임의로 골라서 주사(朱砂)로 그려 매년 입춘(立春)날 입춘시(立春時)에 「소원성취부」 재수부와 같이 각 一매씩 작성하여 붉은 주머니에 같이 넣어 몸에 지니면 일년중 만사가 형통한다.

① ②

3 만방대통부(萬方大通符)

　이 부적을 몸에 지니면 재수가 대통하여 금전거래가 순조롭고 경영하는 사업에 이익이 많으며 여행중에도 이익이 따른다. 그리고 장사하는 사람이 영업장소에 남이 잘 보이지 않는 곳에 붙여 두면 찾아오는 손님이 많아 장사가 잘 된다.

①

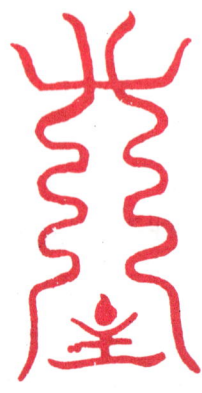
②

4 적갑부(赤甲符)

이 적갑부(赤甲符)는 만방(萬方)으로 대길한 부적이다.

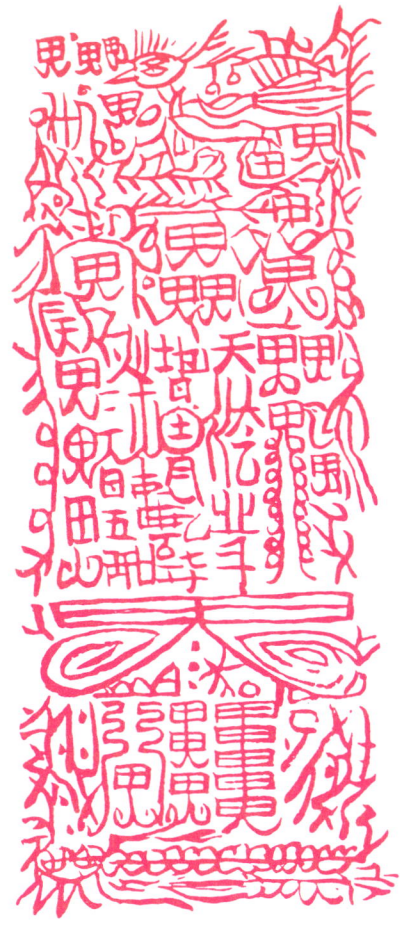

이 부적을 그려 몸에 지니고 다니면 항시 선신(善神)이 보호하여 질병이 따르지 않으며, 바다와 육지와 항공여행(航空旅行)에 있어서도 일신의 안전(安全)을 지켜준다. 사업을 경영하거나 직장에 근무하거나 뜻대로 잘 이루어져서 장애없이 진출하므로 부귀복록을 누린다는 부적이다.

만방길부(萬方吉符)

二. 소원성취(所願成就)

1 소망성취부(所望成就符)

소원(所願)이란 자기가 원하는 것 즉, 제일먼저 이루어지기를 바라는 것으로 사람에 따라 다르기 마련이다. 부귀장수(富貴長壽)에 행복(幸福)한 삶을 누리고자 하는 마음은 누구나 가지게 되는 것이지만 이 모든 것을 한

꺼번에 얻기는 매우 어려울 것이다. 여기에서 말하는 소원성취란 자기가 현재 가장 먼저 바라는 것, 무엇보다도 꼭 이루어져야 할 일, 예를 들어 취직이 소원이라든가, 재물이 소원이라든가, 좋은 배우자를 만나기를 소원한다든가, 건강이 소원이라든가 하는 목적에 사용되는 부적이다.

①
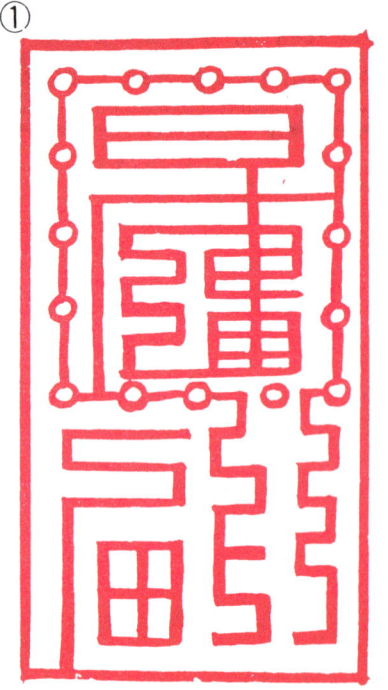

②
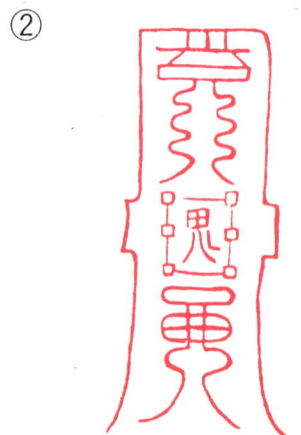

2 소원성취부(所願成就符)

소원성취부(所願成就符)란 소원성취부적으로 누구나 지니고 다녀도 무방하다. 반드시 숭신부와 만사형통부와 같이 작성하여 몸에 각 1장씩 지니고 잠잘 때 베개속에(붉은 헝겊으로 싼다) 넣고 다니면 100일 안에 소원이 이루어지기 시작한다는 것이다. 그러나 三가지 부적이외에 자기가 원하는 것에 따라 부적이 추가될 수 있음을 명심하기 바란다. 예를 들면 부부가 권태기를 맞아 불화가 일어날 때는 권태방지부(倦怠防止符)를 첨부하여야 하며, 관재구설 또는 관재가 예상될 때는 관재예방부를 첨부하여야 한다. 역시 경면주사를 사용하여야 하며 어디까지나 이 부적을 쓸때는 부부합방을 피하고 목욕한 뒤 옷을 갈아 입고 부정한 것을 피하여야 하며 가능한 새벽 2~3시 사이에 세수하고 정중하게 맑은 정신으로 작성한다.

①

②

3 필원부(必願符)

필원부(必願符)는 소원성취부도 된다. 이 부적은 자기가 마음에 드는 상대방과 사랑을 성공시키려고 할 때 쓰는 부적인데 숭신부와 같이 경면주사로 써서 몸에 간직하면 된다. 특히 목에 달고 다니면 더욱 효력을 발생한다.

①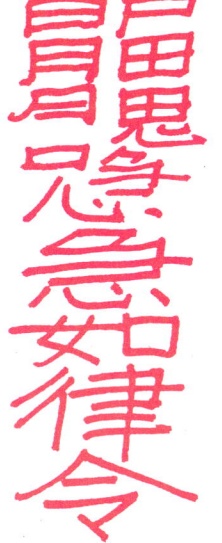

②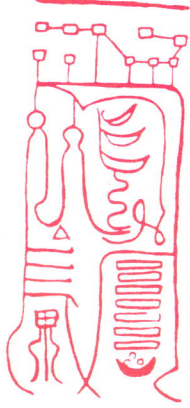

4 치백사부
이 부적을 항상 몸에 지니고 다니면 모든일이 뜻대로 이루어지는 부적이다.

① 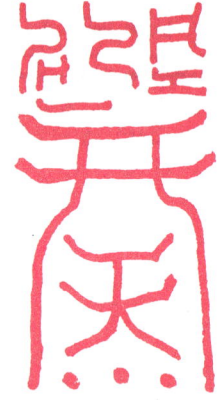 ②  ③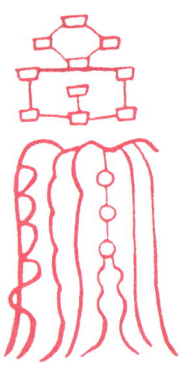

5 입신출세부(立身出世符)

사기나 남의 계략을 모면하고 사명과 재산을 보호하는 부

①  ②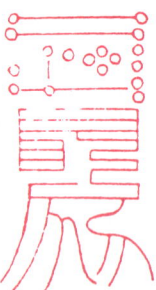

三. 옥추소원(玉樞所願)

이는 옥추경(玉樞經)에 있는 소원성취부(所願成就符)이다. 이 부적을 써서 봉안(奉安)하고 마음에 드는 경(經)을 읽으면 소원이 쉽게 이루어지고 또는 건강장수한다.

1   옥추소구영삼정부(玉樞昭九靈三精符)

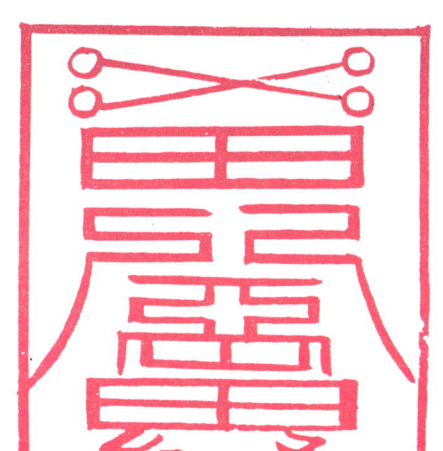

 다음은 각 생년(生年)에 따라 소속된 칠성부(七星符)이다. 생년별을 찾아 같이 사용하면 더욱 효력이 신비할 것이다.

北斗七星의 配置

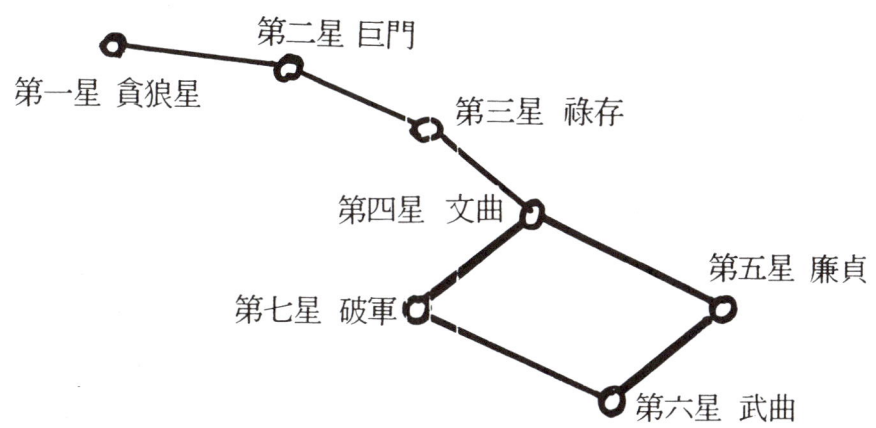

2 칠성부(七星符)

이 칠성부를 그려 봉안(奉安)하고 정성껏 기도하면 자기의 소원이 이루어진다.

3 탐낭부(貪狼符)＝子生

탐낭성은 북두제일성(陽明・沃－기장)에 속하는데 자생(子生－쥐띠)을 맡은 성신(星辰)이다.

4   거문부(巨門符)＝丑亥生

거문성(巨門星)은 북두제이성(北斗第二星－陰精元星君－粟〈좁쌀〉)의 위치요 축생(丑生－소띠)과 해생(亥生－돼지띠)을 주관한다.

5   녹론부(祿存符)＝寅戌生

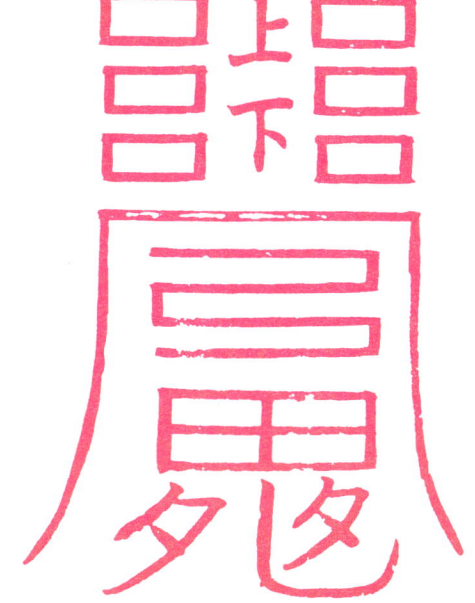

녹존성(祿存星)은 북두제삼성(北斗第三星－三眞人貞星君－粳－맵쌀)의 위치요 인생(寅生－범띠)과 술생(戌生－개띠)을 주관한다.

6 문곡부(文曲符)=癸酉生

문곡(文曲)은 북두제사성(北斗第四星－玄冥紐星君－麥, 보리)의 위치요 묘생(卯生－토끼띠)과 유생(酉生－닭띠)을 주관한다.

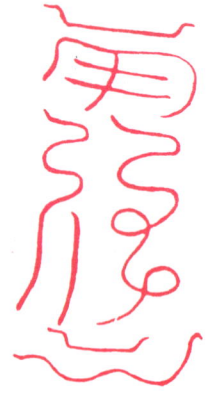

7 염정부(廉貞符)=辰生

염정(廉貞)은 북두제오성(北斗第五星－丹元剛星君－麻子－삼씨)의 위치인데 진생(辰生－용띠)을 맡은 성신이다.

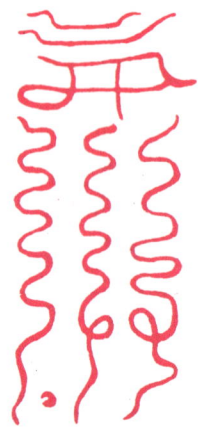

8 무곡부(武曲符) ＝ 巳未生

무곡(武曲)은 북두제육성(北斗第六星－北極紀星君)의 위치인데 사생(巳生－뱀띠)과 미생(未生－양띠)을 주관한다.

9 파군부(破軍符) ＝ 午生

파군(破軍)은 북두제칠성(北斗第七星－天關關星君－小豆)의 위치인데 오생(午生－말띠)을 맡은 성신이다.

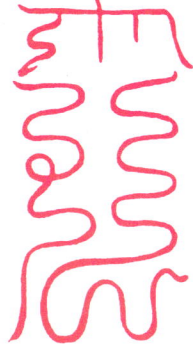

10 목적(目的)을 달성시키는 부

이 부적을 써서 몸에 지니면 목적이 쉽게 달성한다.

① 日日尸田鬼唸急如律令

② 一尸田鬼　日田月　唸急如律令

③

11 계획을 성취시키는 부적

이 부적을 써서 몸에 지니면 마음먹은 일이 이루어진다.

① 尸田鬼 日日 唸急如律令

②

③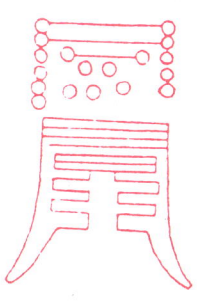

四. 선신수호(善神守護)

악신(惡神)이란 귀신(鬼神), 요마(妖魔), 잡귀(雜鬼) 등으로

우리네 인간들에게 우환질고(憂患疾苦) 등의 갖가지 흉화(凶禍)를 불러다 주기때문에 우리를 몹시 괴롭히지만, 선신(善神―또는 喜神)은 그와 반대로 모든 재액(災厄)을 물리치고 재산(財産), 생명(生命), 건강을 보호해 주는 길신(吉神)이다.

1 선신수호부(善神守護符)

①

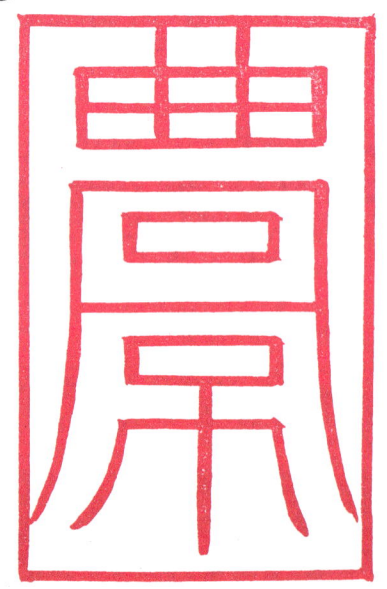

이 부적은 여행중에 있거나 질병중에 있거나 기타의 모험(冒險) 중이거나 위기(危機)에 있을 때 항시 몸에 지니고 다니면 신(神)의 가호를 입어 안전하다.

②

2 태을부(太乙符)

이 부적을 甲子日 혹 五月五日 생기 복덕 천의일에 목욕 재계하고 주사(朱砂)로 써서 집안에 붙이거나 몸에 지니면 태을성군(太乙星君)이 항시 보호해 준다.

3 구요성부(九曜星符)

　이 부적을 봉안(奉安)하고 북향분향(北向焚香)한 뒤 성심으로 기도하면 항시 신(神)의 가호를 받아 가정과 일신상에 유환질고가 침범치 않는다.

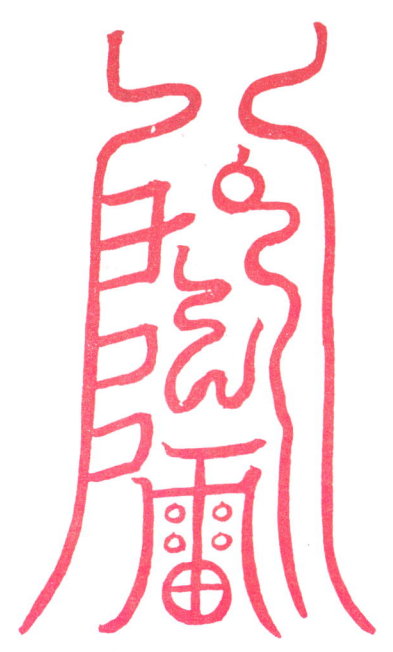

4 팔문신장부(八門神將符)

이 부적을 몸에 지니면 팔문신장이 재산과 생명을 보호해준다.

〈휴문부－休門符〉

〈생문부－ 生門符〉

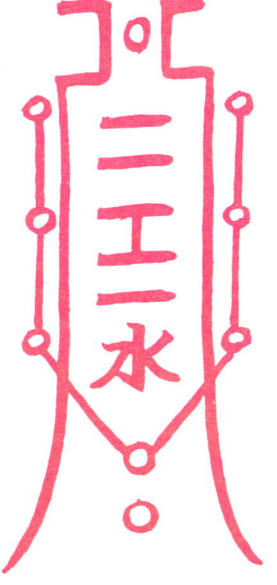

〈상문부－傷門符〉 〈두문부－杜門符〉

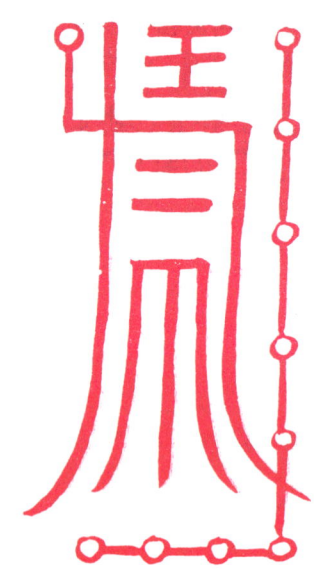

〈경문부－景門符〉 〈사문부－死門符〉

〈경문부-警門符〉　　〈개문부-開門符〉

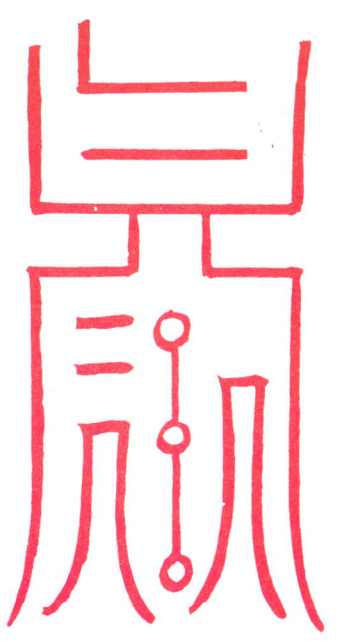

5 결승부(決勝符)

어떠한 경기에 임하였거나 기타의 승부(勝負)에 임하였을 때 「王」자를 써서 손바닥에 쥐거나 직접 손바닥에 쓰고 싸움에 임하면 반드시 승리한다는 것이다.

①
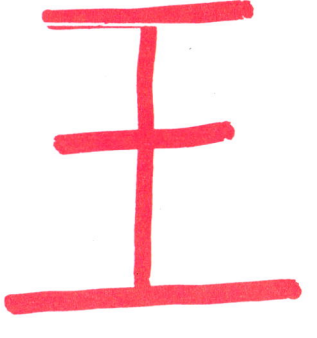

②
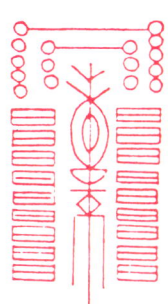

五. 악신퇴치(惡神退治)

악신(惡神)이란 악귀(惡鬼) 즉 잡귀(雜鬼), 요괴(妖怪), 사마(邪魔) 등 모든 흉살귀(凶殺鬼)를 총칭한 말이다. 이 악신이 가정이나 사람의 몸에 범접(犯接)하면 질병(疾病), 손재(損財), 관재구설(官災口舌) 등 여러가지 상서롭지 못한 일이 발생한다.

1 악귀불침부(惡鬼不侵符)

①

이 부적을 그려 출입문 위에 붙이거나 몸에 지니고 있으면 악귀가 침범을 못한다.

②

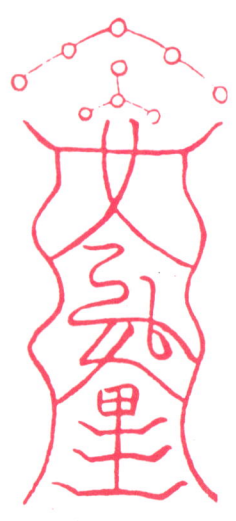

2 악귀퇴치부(惡鬼退治符)

사람에게 재앙을 주는 사나운 귀신을 집안 또는 범접(犯接)을 못하게 하거나 이미 범접해 있는 물리치는 부적이다.

①

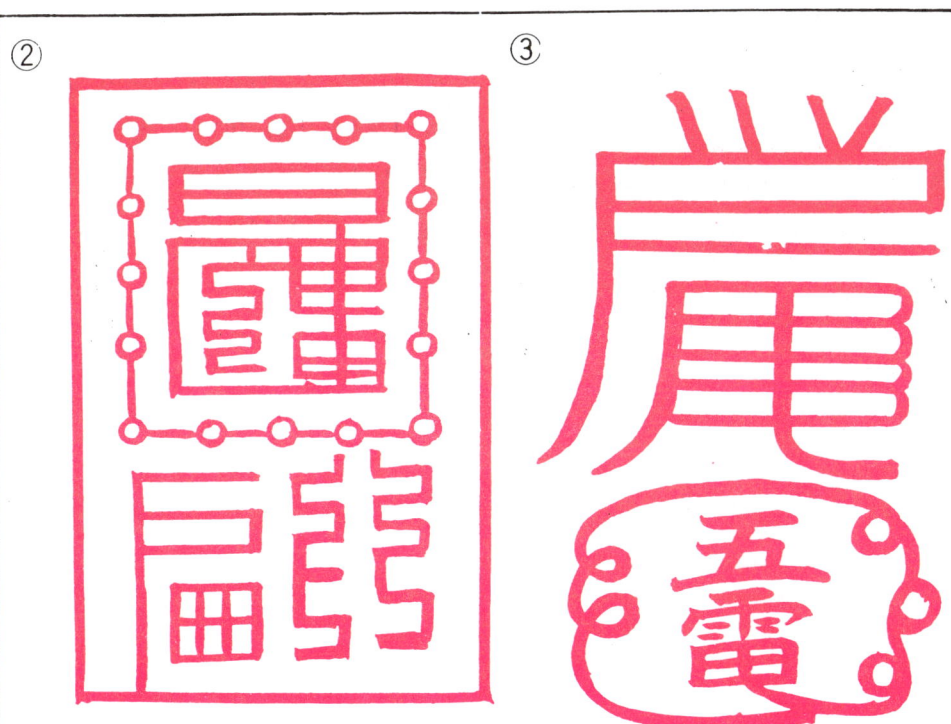

3 귀신(鬼神) 쫓는 부적

이 부적을 그려 출입문(出入門) 또는 집안 몇군데에 붙여두면 귀신이 범접을 못한다.

4 잡귀(雜鬼) 쫓는 부적

①

잡귀가 집안에 들어오면 온갖 상서롭지 못한 괴변이 발생한다. 이 부적을 그려 붙이면 잡귀들이 스스로 물러간다.

②

5 가내 백신 불침부 (家內百神不侵符)

악귀(惡鬼) 마귀(魔鬼) 요귀(妖鬼) 사귀(邪鬼) 잡귀(雜鬼) 등 어떠한 귀신을 막론하고 집안에 들어오지 못하게 하는 부적이다. 귀신이 집안에 있으면 반드시 우환질고(憂患疾苦), 가정불화(家庭不和), 사상(死傷), 관재(官災), 구설(口舌), 실패(失敗), 손재(損財) 등 여러가지의 괴변이 생기는 것이니 이 부적(가 혹은 나)을 여러장 써서 집안 곳곳에 붙여두면 모든 귀신이 두려워 물러간다.

①

가내 백신 불침부
모든 귀신이 물러가고
집안이 평안해진다.

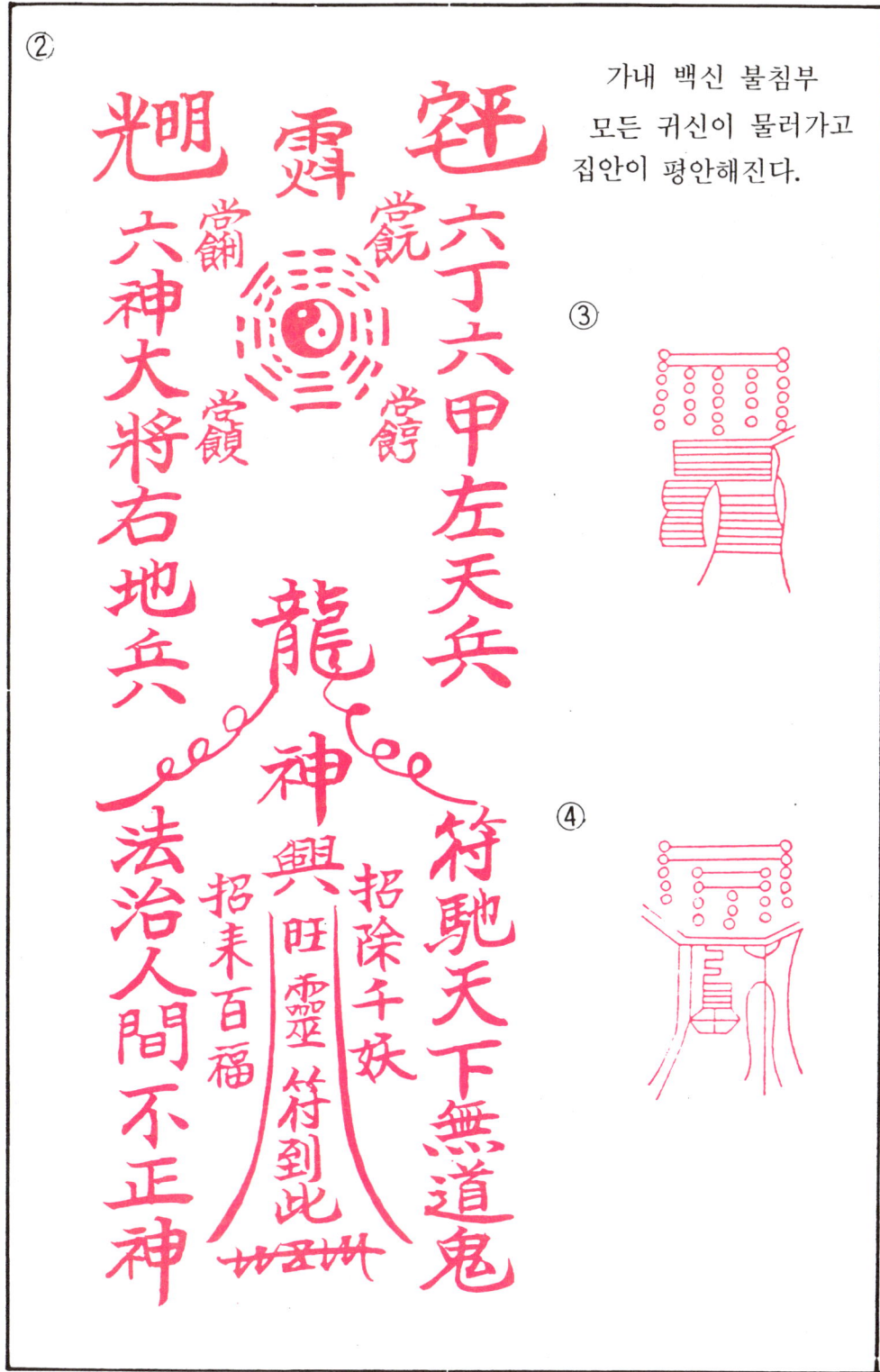

6 요사(妖邪)를 쫓는 부적

이 부적은 옥추경(玉樞經)에 수록(收錄)된 옴마니발묘부(掩摩尼發妙符)이다. 이 부적을 써서 몸에 지니면 모든 잡귀, 잡신, 요마, 사귀가 범접치 아니한다.

7 관음부(觀音符)

이 관음부를 봉안(奉安)하고 축귀경(逐鬼經)을 읽으면 모든 악귀(惡鬼)와 요마(妖魔)가 꿈쩍 못하고 물러간다.

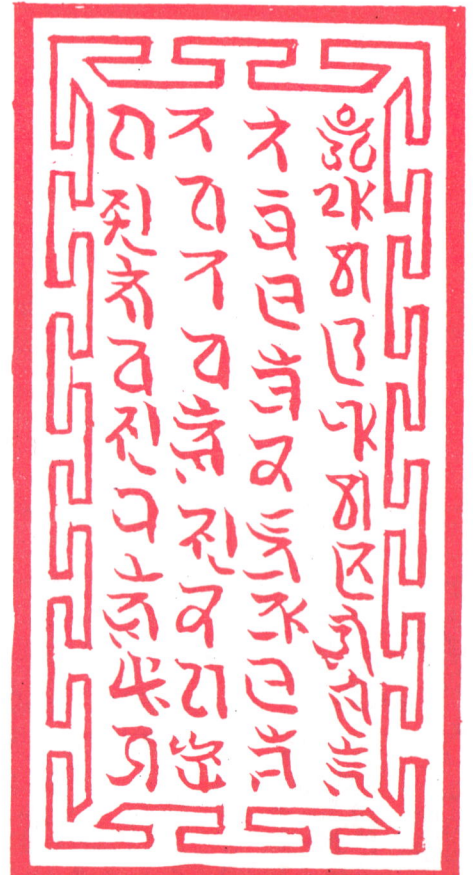

8 사귀(邪鬼)를 물리치는 부적

집안에서 이상한 소리가 나고 요마(妖魔)가 난동을 부리거나, 사람이 갑자기 발광(發狂)하거나, 이름모를 병이 발생하거나, 뜻밖의 괴변이 일어날 경우 이 부적을 봉안(奉安)하고 축귀경(逐鬼經)을 읽으면 모든 요마와 사귀가 물러간다. 이 부적위에 을 그려 붙이면 학질과 모든 요귀가 물러간다.

①

②
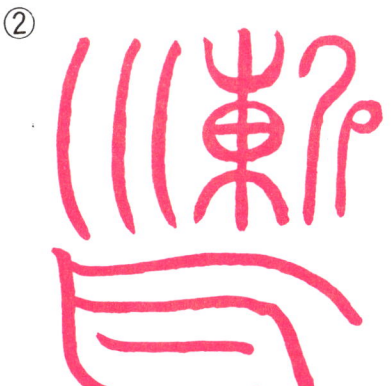

방에 붙여두면 귀신이 물러간다.

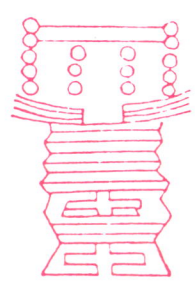

9 축귀부(逐鬼符)

매일밤 꿈자리가 사납거나, 장농·책상 등에서 뚝뚝거리는 소리가 나거나, 부엌에서 이상한 소리가 나고, 밤중에 사람이 다니지 않는데도 발자욱소리가 나는 것 등은 모두 귀신들이 작난하는 것이니 이는 장차 재난이 있을 징조라 아래의 부적을 써서

귀신을 쫓는 부

10 귀신불침부(鬼神不侵符)

귀신불침부(鬼神不侵符)란 부적은 귀신을 침범치 못하게 하는 부적이다. ① ② 중에 택하여 경면주사로 2장을 써서 대문위 또는 내실에 붙이면 凶神이 물러가고 吉星이 들어온다. 또 몸에 지녀도 좋다.

①

②

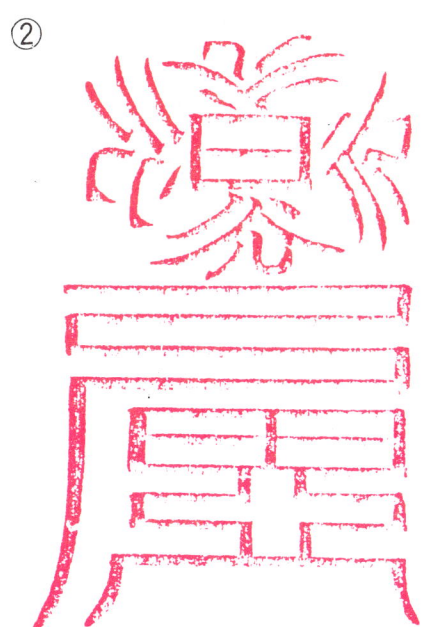

11 요귀퇴치부

집안에 밤중에 괴상한 소리가 나던가 할 때 이 부적을 써놓고 기도하면 자연히 없어진다.

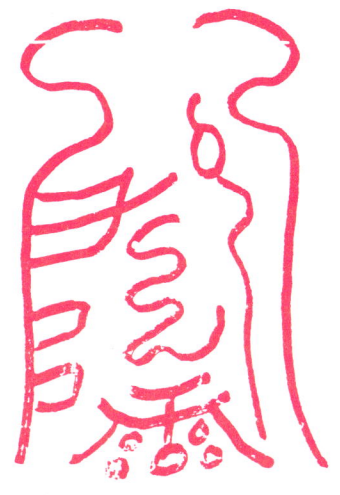

두장을 써서 한장은 내실 문위에 붙여두고 한장은 몸에 지니면 귀신과 요사(妖邪)가 자연히 달아난다.

매년 正月 초五일 이 부적 四장을 써서 내실 사방 벽에 붙여두면 잡귀가 침범 못하므로 집안이 항시 편안하다.

12 인귀(人鬼) 물리치는 부

인귀(人鬼)란 사람죽은 귀신이다. 억울하게 죽은 사람 또는 비명에 간 사람의 영혼이 침입하여 우환질고를 일으킬 경우 이 부적을 써서 방문위에 붙이면 나타나지 못한다.

13 괴물(怪物) 퇴치부

이 부적을 써서 내실 문 바깥 벽 위에 붙여두면 모든 요괴(妖怪)가 침범하지 못한다. 그리고 이 부적을 지니면 길을 걸을 때도 귀신·도깨비·뱀·맹수 등이 침범못한다.

①

②

③

④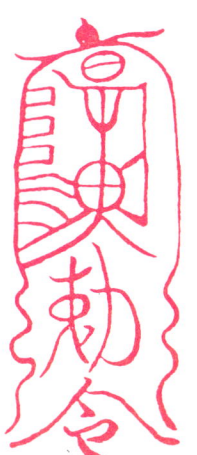

六. 재액(災厄)

1 수・화재(水火災)예방부

명리학상 수액(水厄)이나 화재(火災)가 있다고 판단된 경우와, 가뭄(旱害), 장마(洪水)로 인한 농작물(農作物), 가옥, 토지(土地)의 피해를 방지하는 부적이다.

수・화재(水・火災)란 자신(自身)이 직접 물에 빠지고, 불에 데는 액을 말하는 것 뿐이 아니고, 전답(田畓), 가옥(家屋), 임야(林野), 육축(六畜) 등도 수화(水火)로 인한 재산상의 손실을 포함한다.

①

②

2 수액(水厄)을 예방하는 부

역리학(易理學)으로 추리하여 수액(水厄) 및 홍수(洪水)로 인한 재난이 있다고 판단되거나 장마로 인한 홍수의 피해가 있을까 근심되거나 어업(漁業) 항해(航海) 도강(渡江) 등에 일신의 안전을 도모하고자 하는 것 등에는 이 부적을 몸에 지니면 수액(水厄)을 면한다.

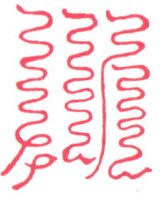

① ②

3 화액(火厄) 및 화재예방부

운명학적인 판단에 의하여 화액(火厄―燒死・火傷)이나 화재(火災―建物・店舗・工場・旱災)가 있다고 판단되거나 화재수가 있을 염려가 될 경우 이 부적을 몸에 지니거나, 화재의 우려가 있는 곳(건물・가옥・점포・공장 등)에 붙여두면 화액 및 화재수를 면한다.

①

往宋名旡忌知君是
火精大金輪王勅

②

③
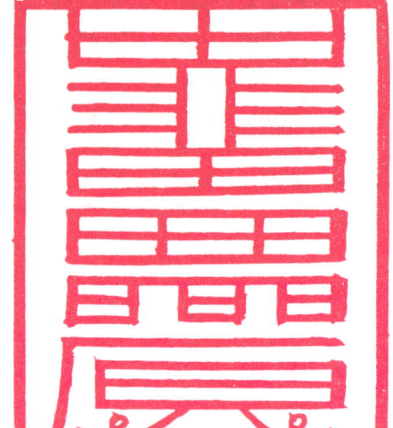

4 손재수(損財數)방지부

①

사주나 신수에 손재수가 있거나 사업장 재산을 보호하고자 할 때에는 이 부적을 몸에 지니거나 사업장소에 붙여두면 재산의 손실을 막는다.

②

5 실물방지부

①

실물(失物)수가 있거나 실물할 우려가 있는 경우 이 부적을 두 장 써서 한장은 내실(內室)에 붙이고 한장은 몸에 지니면 실물수가 소멸된다.

②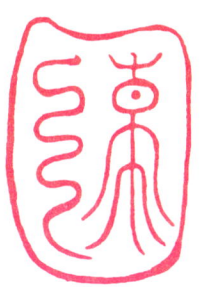

6 실물(失物)찾는부

①

이 부적을 아궁이 안에 넣고 주문을 외우면 분실물이 되돌아 온다.

②

③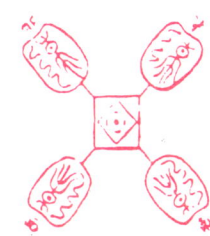

7 벼락(雷電)을 막는 부

몸에 지니면 벼락의 액이 침범치 않는다고 한다.

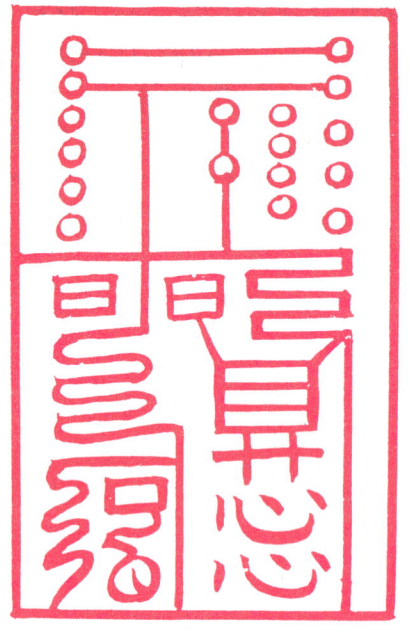

大雷神　雲雷鼓制電
南無太政威德天神　唵急如律令
大鬼神　降電澍大雨

8 도난예방부(暗宅符)

집안에 도적이 들어오든가 집안이 어수선하여 불안을 느낄 때 해가 넘어가기 전에 경면주사로 이 부적 4장을 써서 집안 네귀퉁이에 붙여 놓으면 효력을 본다.

①
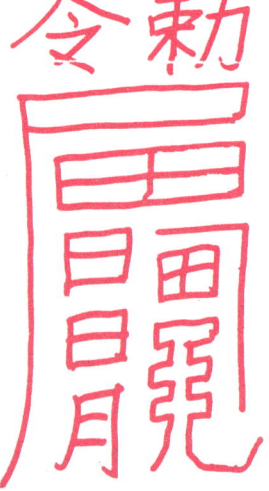

②
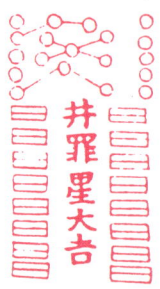

9 도적불침부(盜賊不侵符)

① 이 부적을 집에 붙여두면 도적이 들지 않으며 몸에 지니면 날치기 등을 당하지 않는다.

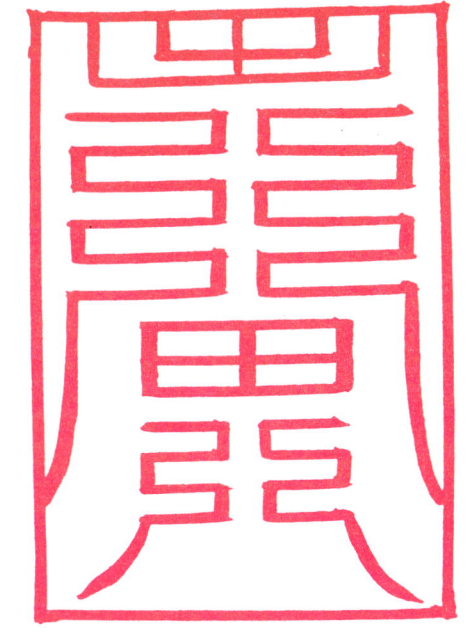

②

10 강도(强盜) 및 도적예방부

위의 도적불침부와 이 부적 한 장을 같이 붙여두면 강도나 도적의 액을 당하지 않는다.

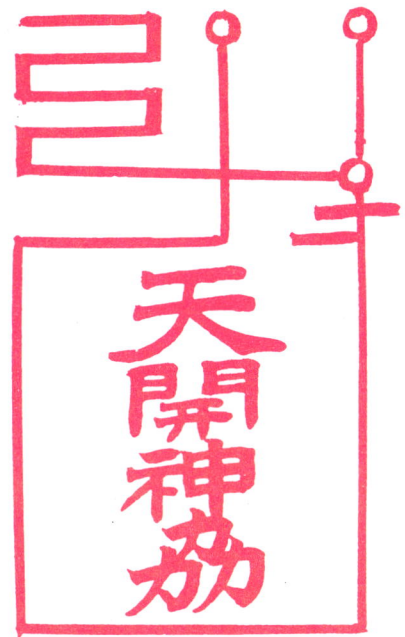

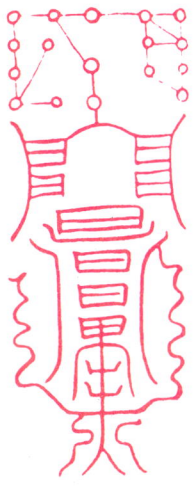

11 도적이 스스로 나타나는 부

이 부적을 써서 도적이 달아난 발자욱 흔적을 찾아 그곳에 붙여 두면 신비하게도 달아났던 도적이 훔친 물건을 가지고 제 발로 다시 찾아와 자백(自白)한다고 한다.

도둑잡는부

붉은 글씨로 그린 다음 문앞에서 불사르면 도둑이 들어오지 못하고 도망간다.

七. 부정퇴치(不淨退治)

부정(不淨)이란 불결(不潔)한 곳에 함부로 출입하거나 불결한 물건을 잘못 다루다가 신(神)의 노염을 사게 되어 집안에 우환질고 손재 등 상서롭지 못한 탈이 생기는 것을 부정탈이라 한다.

이 부적은 집안이나 사람의 몸에 부정(不淨)이 들었을 경우 방안에 붙여두거나 몸에 지니면 더러운 부정이 깨끗이 제거된다.

1 부정을 씻는 부

①

②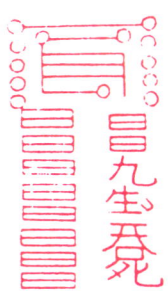

③

2   부정을 씻어내는 부

① ②

五龍吐水洗清淨

3 부정탈(不淨頉)제거부

①

온 집안에 부정이 탔을 때는 이 부적을 누른 종이에 주사(朱砂)로 써서 한장은 출입문 위에 붙이고 한장은 부정탈을 입은 사람의 몸에 지녀주면 차츰 부정이 깨끗이 씻겨나간다.

②

山亥鬼

唵急如律令

4 일체부정퇴치부(一切不淨退治符)

①

어떠한 부정탈을 막론하고 이 부적을 써서 부정이 난 곳에 붙여두면 부정이 씻겨지는 동시에 사방에서 희신(喜神)이 모여와서 가족들의 건강과 재산을 보호하여 준다.

②

5 인부정제거부(人不淨除去符)　　부정(不淨)한 사람이 집안에 들어와 그로 인한 탈이 생겼을 때 이 부적을 붙이면 제거되느니라.

①

②

6 의관(衣冠) 및 신(鞋)　　의관이나 신발 등을 집안에 잘못 들여와 그로 인하여 질병이 발생한 경우 이 부적을 써서 환자의 몸에 지니면 곧 낫는다.

①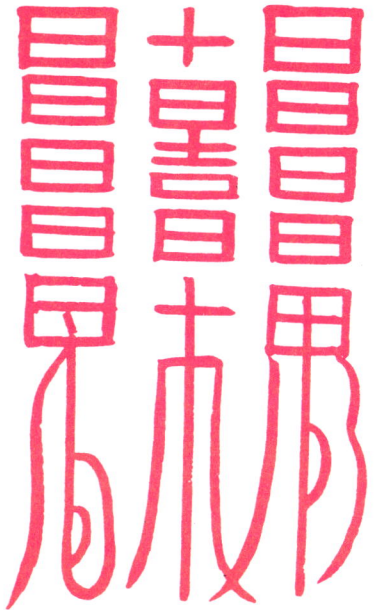

②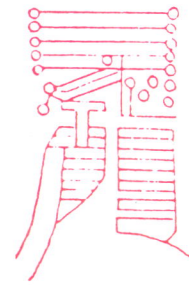

八. 관재 구설 송사(官才 口舌 訟事)

1 관재소멸부(官災消滅符)

운명학상 관재수가 있다고 판단되거나 현재 관액(官厄)에 처해 있을 때 이 부적을 몸에 지니면 관액이 사라진다.

①

2 구설송사부(口舌訟事符)

구설송사부(口舌訟事符)란 사업 또는 금전거래나 기타의 일로 송사가 발생하거나 구설을 듣게 될 경우 이 부적을 써서 몸에 지니고 있으면 자신에게 유리한 결과가 이른다.

3 과실관재부(官符)

①

과실관재부(官符)란 뜻하지 않은 과실 또는 동료의 과실로 인하여 관재구설이 발생하여 정신적 타격을 받을 때 이 부적을 경면주사로 작성하여 본인 또는 상대방 대상자가 각각 1장씩 몸에 지니고 다니면 그 액을 면한다.

②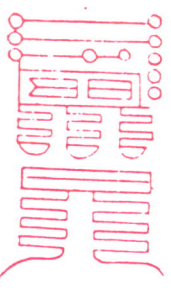

4

①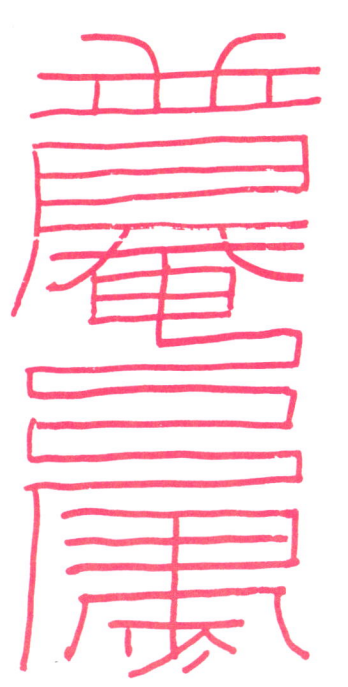

罪소멸부란 자기의 행동이 죄가 되고 타인에게 침해된 것으로 생각되면 이 부적을 몸에 지니고 산신님께 기도하면 모든 잘못됨이 소멸해진다.

② ③

5　형면제부(刑免除符)

①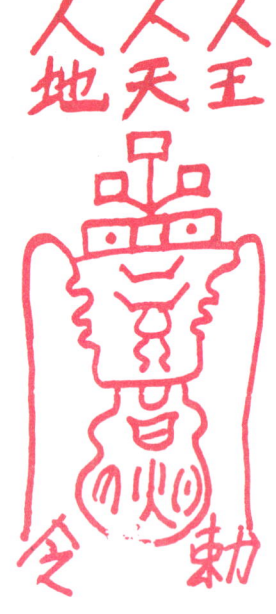

억울하게 죄의 누명을 쓰고 있는 자는 이 부적을 흰종이에 검정색으로 써서 몸에 지니고 다니면 죄형을 면하게 된다.

②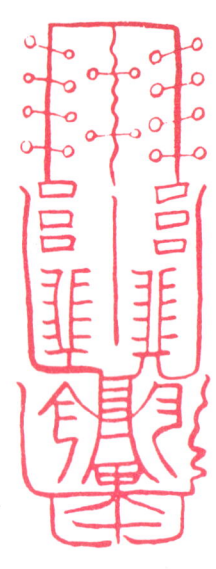

6　관액방지부(官厄防止符)

①

운명학의 판단으로 관액(官厄) 혹은 형액(刑厄)수가 있거나 고의(故意) 또는 과실(過失)로 법(法)에 저촉되는 행위를 저지른 뒤 장차 그 벌(罰)을 받게 될 경우 이 부적을 몸에 지니면 벌이 가벼워지거나 면죄(免罪)된다.

②

7 관재구설(管災口舌) 예방 및 소멸부

①

②

③

④

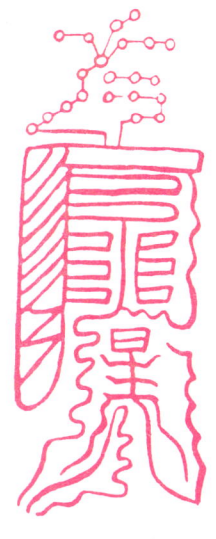

신수가 불길하여 관재수 혹은 구설수가 있거나, 현재 관재구설에 처하여 있거든 이 부적을 써서 몸에 지니면 관액이나 구설수가 이르지 않으며, 또 자연히 이러한 재화(災禍)가 소멸된다고 한다.

8 구설소멸부(口舌消滅符)

운명학적(運命學的)인 감정에 의하여 구설수가 있다고 판단되거나, 구설을 듣게 될 염려가 있을 때 이 부적을 써서 집안 내실 문 위에 붙여두면 가정의 구설이 사라지고, 몸에 지니고 다니면 자신(自身)의 구설수를 예방 또는 소멸시킨다.

①
月 品 弓
星 品 弓 王
月 品 弓
子 如 夫 和 合 且 八 日 月 隱 急 如 律 令

②
人 司 日 日 合 鬼 隱 急 如 律 令

9 송사(訟事) 및 시비(是非)를 면하는 부

①

운명학적인 감정에 의하여 송사와 시비수가 있다고 판단되거나, 현재 송사중에 있던지 자의(自意) 타의(他意)를 막론하고 시비(是非—싸움)가 일어날 징조가 있을 때, 이 부적을 몸에 지니면 송사는 말썽없이 해결되고 시비구설(是非口舌)은 자연히 물러간다.

②

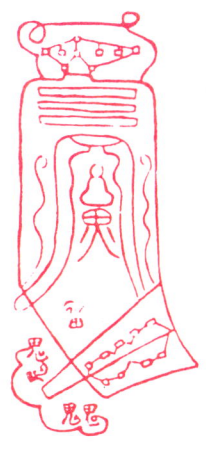

사기나 남의 계략을 모면하고 신명과 재산을 보호하는 부

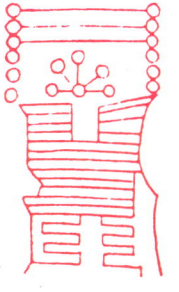

10 관재(官災)·구설(口舌)·송사(訟事)·시비(是非)소멸부

① 勅令䨻朏隱急如律令

사주(四柱)나 일년신수(一年身數)에 관재·구설·소송·시비수가 있거나, 직장이나 사업장에서 피아(彼我)의 과실 여부를 막론하고 위와 같은 일이 발생할 우려가 있을 때 이 부적을 써서 몸에 지니면 미연(未然)에 방지되고, 또는 원만하게 해결된다.

②

③ 神福壽 太田大神守

11 시비(是非)소멸부

① 召鬼尸鬼急急如律令

이 부적은 시비쟁송(是非爭訟)을 퇴치시키는 방법이다.

사람에 따라서는 별다른 잘못이 없는데도 까닭없이 남의 미움을 받거나 오해로 인하여 남달리 시비구설이 이르는 경우가 있다. 이러한 사람은 항시 몸가짐을 단정히 하고 말을 조심하여 되는데 그래도 시비가 발생하거든 위의 관재·구설·송사·시비부 一매와 이 부적을 써서 몸에 지니면 이러한 액이 자연히 사라진다.

② 者 唵急急如律令

12 소송부(訴訟符)

①

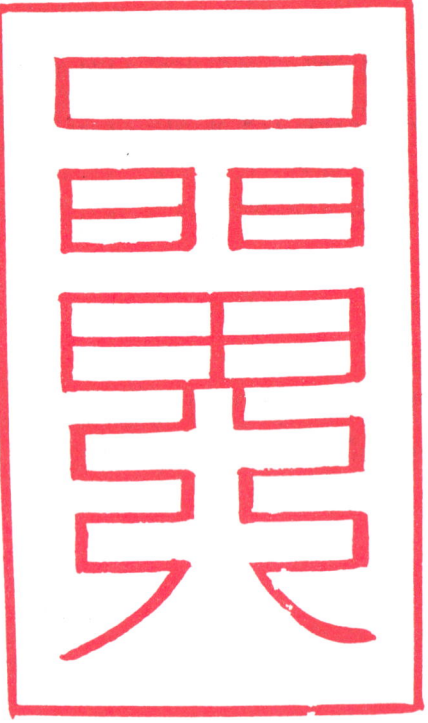

소송(訴訟)을 제기(提起)하거나 타인(他人)에게 소송을 당한 경우 아래에 있는 부적을 몸에 지니고 출두(出頭)하면 법정에서 自己에게 유리한 판결(判決)이 내려진다.

아래에 있는 이길승(勝)자를 손에 쥐고 법정에서 진술하면 소송에 이긴다.

② 勝

13 원한원적퇴치부(怨恨怨敵退治符)

원한방지부(暗矢符)는 타인의 원한으로 본의 아니게 피해를 볼 염려가 있다고 생각될 때 사전에 이 부적을 경면주사로 써서 몸에 간직하고 다니면 그 액을 면한다.

14. 원적(怨敵)물리치는 부

①

원한을 샀거나 적대관계에 있는 사람을 물리친다.

②

15. 악인개심부(惡人改心符)

①

마음이 나쁜 사람이 좋은 마음을 갖게 된다.

②

九. 사교(社交)

1. 교제원만부(交際圓滿符)

①

타인과 원만한 관계를 맺게 한다.

②

③

2 인덕길부(人德吉符)

①

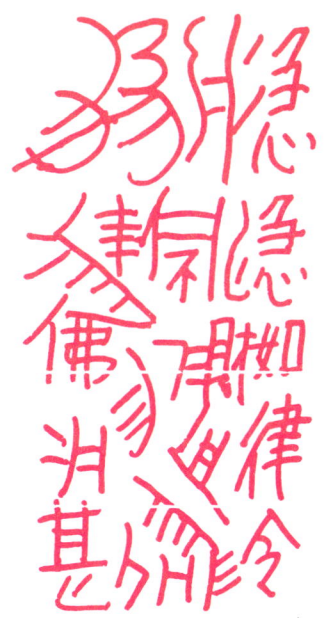

인덕길부(人德吉符)란 부적은 동업하는 자가 必要한데 동업자와 자주 충돌하여 마음의 일치를 보지 못하였을 때 쓰인다.

②

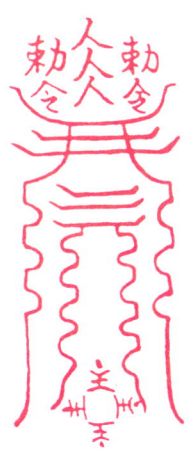

3 귀인(貴人)면접(面接)부

①

귀인이란 나에게 도움이 되어 줄 수 있는 능력자를 말한다. 벼슬을 구함에는 자기가 원하는 관청의 우두머리, 또는 회사의 회장(會長) 사장(社長)이며 직업을 구함에는 직장의 우두머리를 말한다.

②

4 애경부 (愛敬符)

이 부적을 쓴곳 옆에다 자기가 존경받고 싶을때 상대방의 성명과 기도를 하면 자기가 존경을 받게 된다.

5 원한방지부 (暗失符)

타인과 원만한 관계를 맺게 한다.

十. 신수(身數)

신수(身數)란 일신에 대한 안전(安全)의 길흉(吉凶)을 총칭하는 말인데, 운명학(運命學)의 판단으로 삼재(三災) 및 관재(官) 불안이 있는 사람은 이 부적을 써서 항상 몸에 지니라. 특히 단명(短命)과 횡액수를 면하고 불의의 실패와 재난을 당하지 않는다(이는 玉樞符인데 短命數, 橫死數를 방지하는데 쓰이는 부적이다).

1 도액부(度厄符)

위의 부적은 어떠한 액을 막론하고 종합적으로 사용하는 것으로 해당되는 부적과 같이 쓰면 대길하다.

①
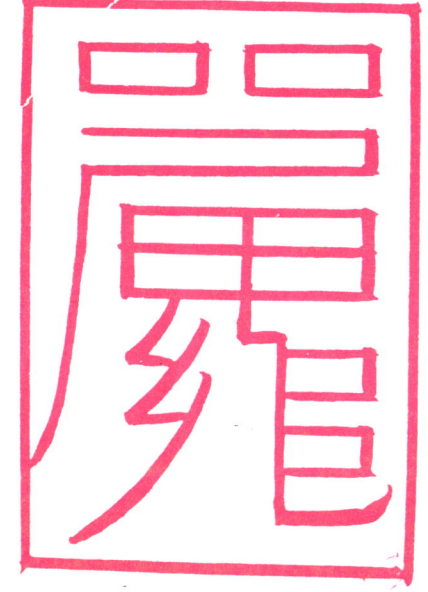

②

③

2 태세부(太歲符)

① 운명학적인 판단에 의하여 당년의 신수가 불길하다고 단정을 내렸을 때 이 부적을 그려 봉안(奉安)해 놓고 기도를 드린 다음 떼어서 몸에 지니면 일신상에 재앙이 침범치 않는다.

②

③

3 재앙(災殃)과 횡액(橫厄)을 면하는 부

①

운명학적인 판단에 의하여 신수가 불길하다고 판단이 내려지거나 사업이나 생활관계나 직업상 위태로움이 있거나, 위험의 불안이 있는 사람이 지닌다.

②

4 삼재부(三災符)

삼재(三災)는 포태법(胞胎法)으로 병궁(病宮-병들어), 사궁(死宮-죽어서), 장궁(葬宮-장사지낸다)에 닿는 해(年支)인데, 이를 풀이하면 삼재가 처음 드는 해(入三災)에 병들어서, 삼재드는 다음해(中三災)에 죽어서, 삼재가 나가는 해(出三災)에 장사지낸다는 것으로 삼재년에 임하면 신액(身厄)이 끊기지 않고 질병(自身이 아니면 家族), 손재, 관액 구설, 수화재(水火災), 도난 등의 액이 따르고 심한 경우는 생명의 위험(자신이 아니면 가족)을 받는다는 것이다.

삼재가 드는 해는 다음과 같다.

申子辰生＝寅卯辰年　　巳酉丑生＝亥子丑年
寅午戌生＝申酉戌年　　亥卯未生＝巳午未年

삼재예방부(三災豫防符)

陰陽五行학설에 기인하여 나오는 재난구성법인데 삼재가 드는 해부터 三년간은 凶운이 들어와 손재·재해·신병 등이 발생하며 모든 일이 뜻대로 되는 일이 없다는 災를 말한다. 누구나 일생에 몇번씩 삼재를 만나게 되는데 삼재드는 해를 기술하면

　申子辰生은 寅卯辰年이 되고
　巳酉丑生은 亥子丑年이 되며
　寅午戌生은 申酉戌年이 되며
　亥卯未生은 巳午未年이 들어오면 三災가 된다. 그러므로 삼재가 들어오면 삼재부적들 중에 마음에 드는 부적을 선택하여(승신부 첨부) 각 1매씩 작성하여 몸에 지니고 다니면 액운을 면하게 된다. 또한 집안에 삼재가 들어 있는 식구가 있을 때는 이 부적을 그려 삼재가 든 사람이 항상 사용하는 방(즉 자는 방) 바깥쪽으로 붙여 놓으면 삼재가 자연히 소멸된다고 하는데, 특히 소원성취부 난에 있는 칠성부를 첨부하면 더욱 길하게 된다고 한다. 반드시 이 부적은 경면주사를 사용하여야 하며, 경면주사를 사용할 때 참기름을 조금 쳐서 혼합하여 작성하기 바란다.

관재(官災) 송사(訟事)
　　구설(口舌) 예방부

四柱에 三刑殺이 있으면 刑이 되는데

① 지세지형(持勢之刑)
　　寅＝巳　巳＝申　申＝寅
② 무은지형(無恩之刑)
　　丑＝戌　戌＝未　未＝丑
③ 무례지형(無禮之刑)
　　子＝卯　卯＝子
④ 자형(子刑)
　　辰＝辰　午＝午
　　酉＝酉　亥＝亥

〈해　설〉

① 지세지형

寅巳申이나 丑戌未가 四柱內에 三字가 모두 있으면 刑殺의 작용이 더욱 강하여 官災로 인하여 형무소 감금 등 일들이 발생

한다. 또한 寅巳가 柱內에 있든지 巳申이나 申寅이 있어도 殺量의 惡刑을 당하게 되는데 조금 약하다. 그리고 三支가 있는 것을 三刑殺이라고 하는데 三刑이 있는 四柱는 돌발적으로 고집을 부리고 너무 욕심을 부리다 실패하고 호언장담하다 실패하는 경우가 많다.

② 무은지형

성질이 난폭하고 남을 배신 잘 하고 사람을 잘 이용한다. 년월에 刑이 있으면 부모에게 불효하며 日時에 있으면 자식이 포악하고 악처를 얻게 되며 자녀의 무덕으로 일생을 보낸다.

③ 무례지형

성질이 온순한 점은 찾아볼 수 없다. 년에 刑殺이 있으면 조상이 감옥생활을 했으며, 月에 刑殺이 있으면 부모중 형을 당하였고, 日에 있으면 성질이 포악하여 자기처를 악하게 다스리며, 時에 있으면 자손이 죄인의 신세되어 형무소 간 사실이 있던가 불구자가 생긴다.

④ 자 형

四柱內에 자형살이 있으면 자립정신이 전혀 없어 남에게 의지하며 살게 된다.

5 옥추삼재부(玉樞三災符)

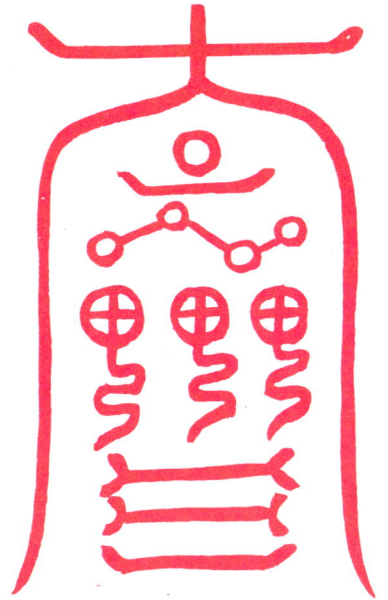

이는 옥추경(玉樞經)에 있는 부적으로 항상 몸에 지니고 있으면 삼재팔난(三災八難)이 침범치 못하고 귀사(鬼邪)가 범접못하며 관재구설이 자연히 소멸한다.

6 삼재퇴치부(三災退治符)

삼재운이 드는 사람은 삼재가 드는 해 정초(正初)에 이 부적을 써서 몸에 지니면 삼재로 인한 모든 액이 자연히 사라진다.

전화위복부(轉禍爲福符)

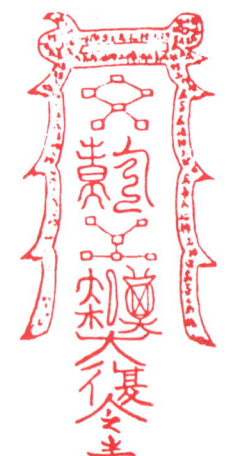

7 삼재소멸부(三災消滅符)

이 부적을 써서 몸에 지니면 삼재가 소멸한다. 매년 정월 초하루날에 지녔다가 섣달 그믐날에 불에 태워 버린다.

천재수호부(天災守護符)

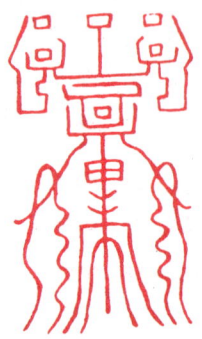

8 입삼재부(入三災符)

이는 삼재가 들어오는 해(入三災年)에 쓰는 부적으로 위의 삼재부적 가운데서 적당히 골라 삼재드는 해에 같이 지니면 대길하다.

천재수호부(天災守護符)

9 묵은삼재부적(中三災符)

삼재가 묵은해 즉 삼재가 처음 드는 다음해에 입춘날 입춘시에 이 부적 三매를 그려 현관, 침실 문위에 각각 붙이고 한장은 몸에 지닌다.

급난피난부(急難避難符)

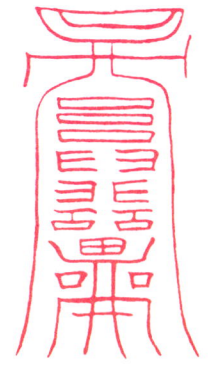

10 출삼재부(出三災符)

이 부적은 삼재가 나가는해 즉 삼재가 들기 삼년째 드는 해에 다른 부적(三災符)과 같이 몸에 지니면 아무 재앙이 없이 지낸다.

재난방지부(災難防止符)

11 삼재제부(三災諸符)

삼재제부(三災諸符)란 삼재(三災)가 들은 사람은 누구나 이 부적을 2장을 써서 1장은 대문위나 내실 문위에 붙이고 1장은 몸에 지니고 다니면 삼제를 면한다.

제악제거부(諸惡除去符)

합격(合格)

1   합격부(合格符)

①

입학시험(入學試驗) 또는 취직시험(就職試驗) 또는 기타의 모든 시험에 합격하기를 바라거나 출마(出馬)하여 당선(當選)되기를 원하는 사람은 아래 부적을 써서 몸에 지니면 십중팔구 합격되거나 당선된다고 한다.

공무원채용시험, 고시(考試), 취직시험, 입학시험 혹은 출마(出馬)에 임한 경우에 이 부적을 몸에 지니고 응시(應試)하면 합격이 수월하다고 한다.

②

③

④

앞

뒤

2 관직 구하는 부(大招官職符)

①

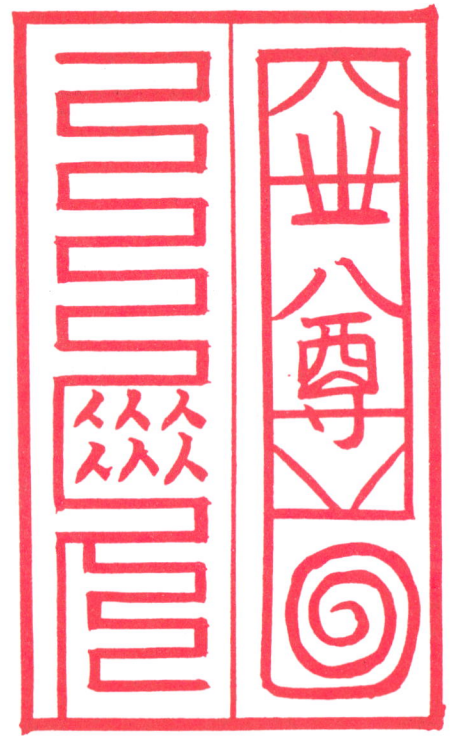

이 부적은 벼슬을 얻고자 하거나, 직장을 구하거나, 진학(進學)을 위한 시험을 치르거나, 또 이러한 목적을 성취하기 위하여 윗사람에게 부탁하거나, 또는 당선(當選)을 목적으로 공관직(公官職) 및 기타 단체관계에 출마(出馬)하게 될 경우 이 부적을 써서 몸에 지니고 있으면 뜻하는 바가 잘 이루어진다.

②

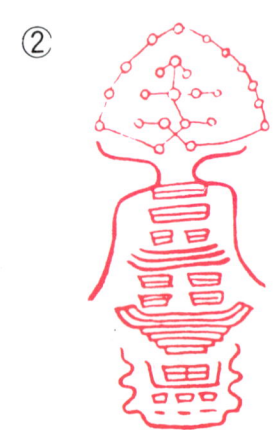

3 학업소망부(硯台符)

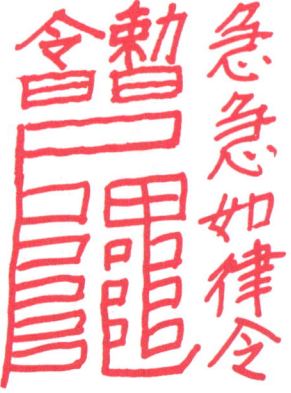

학업소망부(硯台符)는 정신집중이 되지 않아 학업에 지장이 생기고 성적이 떨어질 때 이 부적을 경면주사로 써서 몸에 간직하고 있으면 정신이 맑아지며 학업성적이 좋아진다.

4 장해물(障害物) 제거하는 부

소원을 성취하려 하거나 목적을 달성하려는 일에 장해물이 생기던지 방해자(妨害者)가 있어 진행이 어려워질 때, 이 부적을 써서 몸에 지니면 자연히 장해물이나 방해지가 사라지고 소원이 성취된다(소원성취부와 같이 지니면 더욱 좋다).

① (부적)

② (부적)

十二. 재산・사업(財産・事業)

　재산이란 금은보화(金銀寶貨), 지폐, 토지(土地), 가옥(家屋) 등을 말하는 것이며, 사업이란 이 재산을 모으기 위하여 경영하는 행위이다. 따라서 사업이 번창함으로써 재산은 자연적으로 늘게 되는 것이다.

1　재수대길부(財數大吉符)

①

　이 부적을 두장을 그려 한장은 내실(內室) 문위에 붙이고 한장은 몸에 항상 지니고 다니면 손재수가 없을 뿐 아니라 재수가 대통하다.

②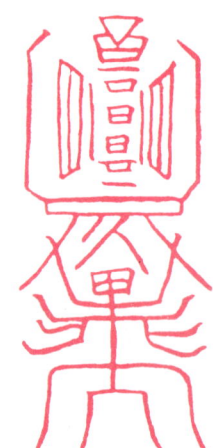

2. 인화원만부

좋은 주인(主人)과 좋은 직원(職員)을 만나는 부이다

①

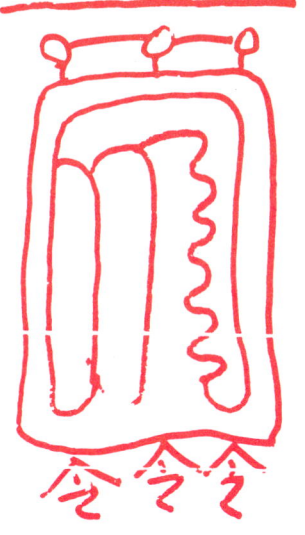

②

3 재수지부(財數之符)

재수지부(財數之符)란 이사를 잘못 가서 凶神이 침범하여 재수운이 막혀 모든 일이 뜻대로 되는 일이 없을 때는 이 부적을 경면주사로 써서 대문위나 실내 문위에 붙이면 吉해진다.

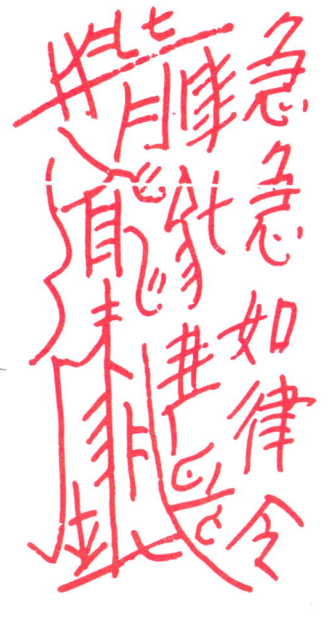

4 재보자래부(財寶自來符)

이 부적은 노랑색 한지(韓紙-창호지)에 붉은 글씨로 써서 몸에 지니면 재물보화(財物寶貨)가 자연히 이른다.

①

日 日
朋 朋
扁 三
三 隱
隱 明
明 女
女 王
王 急
急 如
如 律
律 令
令

②

日
尸 明 ○
明 朋 三
朋 女 隱
女 王 急
王 ○ 如
  三 律
  隱 令
  急
  如
  律
  令

③

5 재리부(財利符)

①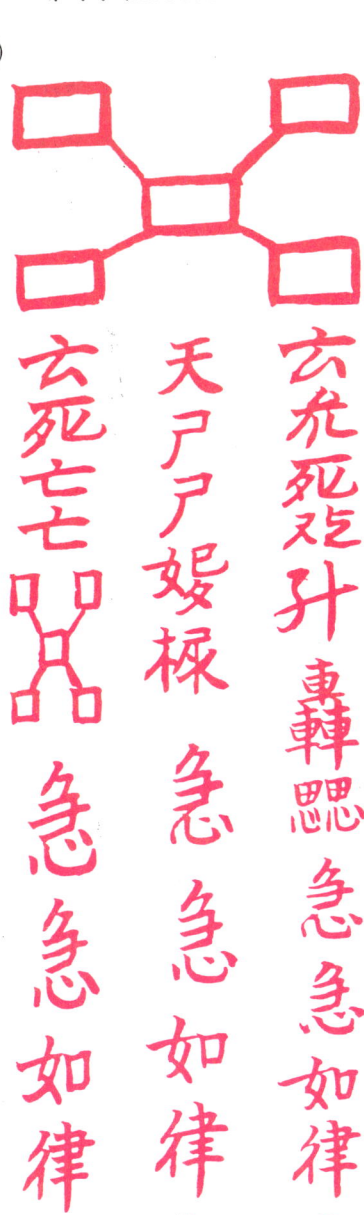

이 부적 三장을 써서 한장은 집안에 붙이고, 한장은 사업장소(店舗・工場・事務室・혹은 機械類)에 붙이면 사업이나 장사가 잘 되어 이익이 날로 늘어난다.

②

天天
風門
門人来 唵急急如律令

6 초재지부(招財之符)

초재지부(招財之符)란 경영하는 사업이 왕성하지 못할 때 잘 되기를 바라는 부적인데 경면주사를 사용하여 써서 사업장 문위

7 재산구부(財産救符)

①

재산구부(財産救符)란 사업에 실패한 사람이 이 부적을 몸에 지니고 또는 집 안방 문위에 붙여 놓으면 자연히 사업이 회복된다.

②

8 손재예방부(損財豫防符)

①

손재예방부(損財豫防符)란 부적은 경영하는 사업이 뜻대로 되지 않고 말썽과 지출만 늘어날 때 경면주사로 작성하여 운수대통부 1매와 같이 몸에 지니고 다니면 자연히 길해진다.

②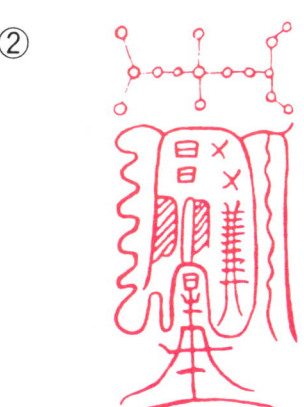

9 손재방지부(損財防止符)

①

손재방지부(損財防止符)란 부적은 집안에 이유없이 손재수가 따르고 계속 우환이 발생할 때 이 부적 1매, 숭신부 1매, 만사대통부 1매를 작성하여 내실 문위에 붙여두면 백일이 지난 뒤 자연 吉하여진다.

②

10 지출방지부(飛康符)

지출방지부(飛康符)란 생각지 않은 일이 발생하여 손재를 입는 경우에 이 부적을 써서 집 사방에 붙여두면 자연히 吉하여진다.

①
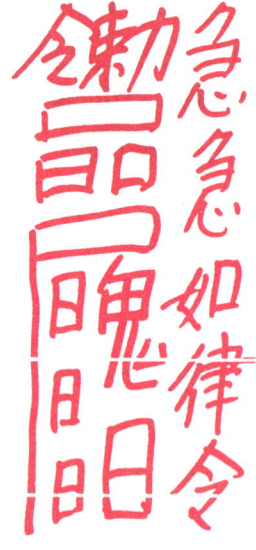

②

11 집 잘 팔리는 방법

집(家屋)을 매도(賣渡)하고져 할 때 이 부적을 써서 매도하려는 건물에 붙여두면 원하는 가격에 순조롭게 잘 팔린다.

①

②

12 사업확장부

사업확장부란 부적은 사업이 부진하며 매사에 말썽이 일어날 때 경면주사로 작성하여 숭신부 1매와 같이 사업장에 붙여두면 자연히 손님이 많이 모이며 말썽도 생기지 않는다.

①

②

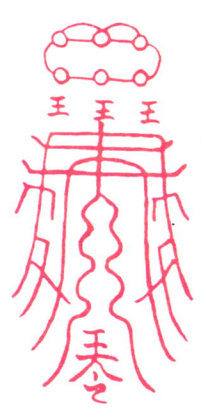

13. 부동산(不動產) 동산 (動產) 잘 팔리는 부

①

모든 부동산이나 동산을 막론하고 빨리 팔리며 이득을 가져온다.

②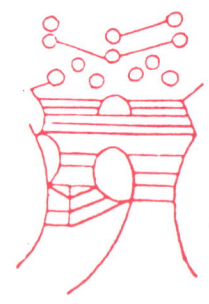

14 추첨에 당첨하는 방법

①

神福
神大
壽明
福
神

아래의 부적글씨를 두장 써서 한장은 정결한 곳에 붙여놓고 성심껏 기도한 뒤 한장은 몸에 지니고 추첨장소에 가면 대길하다.

②

15 재수대길부(財數大吉符)

①

재수대길부(財數大吉符)란 부적은 사업하는 사람이 사업장에 붙여 두는 부적인데 경면주사로 써서 숭신부와 같이 각 1장씩 사업장에 붙여두면 발전을 거듭한다.

②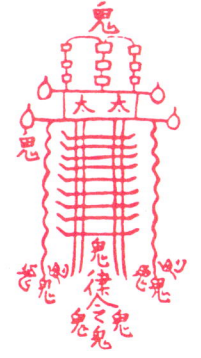

16 만사대통부

①

만사대통부란 立春日 立春時에 이 부적을 써서 몸에 지니고 다니거나 집안에 붙여두면 만사가 대길해진다.

②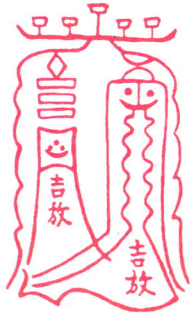

17 재수대길부(財數大吉符)

재수대길부(財數大吉符)란 부적은 사업이 부진할 때 경면주사로 작성하여 1장은 기거하는 내실 문위에 붙이고, 1장은 몸에 지니고, 1장은 사업장에 붙여두면 자연 재복이 들어온다.

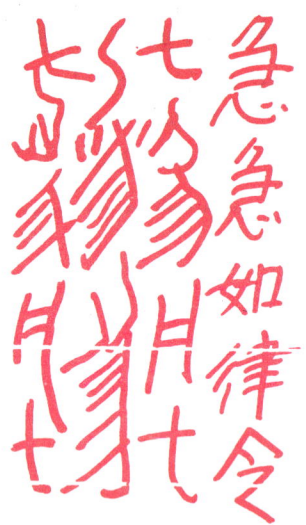

18. 금은동철(金銀銅鐵)이 득부

각종 금속품에서 이득을 얻는다.

①

②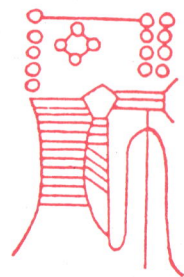

19 금은자래부귀부

①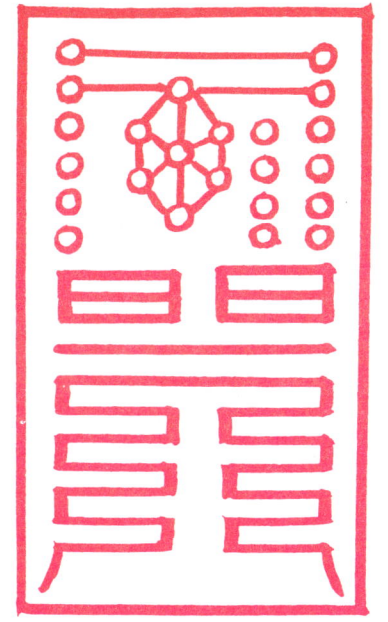

이 부적을 써서 내실(內室) 보이지 않는 곳에 붙여두면 금은보화(金銀寶貨)가 자연 이르고 부귀장수한다는 것이다.

②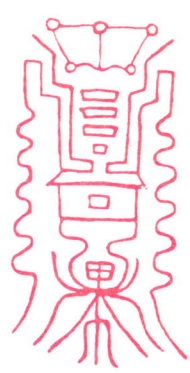

20 구재산부(救財産符)

①

도산(倒産)의 위기(危機)에 처한 사람이 이 부적을 써서 몸에 지니면 파산(破産) 직전에서 재산을 건지게 된다는 것이다.

②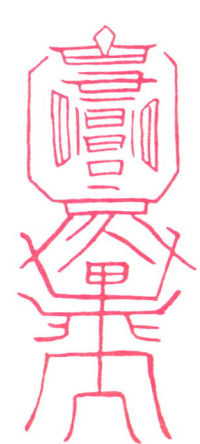

21 재물취득부(財物取得 符)

① 전답임야(田畓林野)취득부

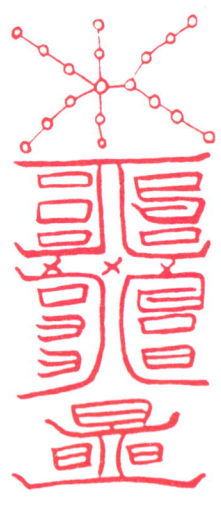

② 의복가구(衣服家具)취득부

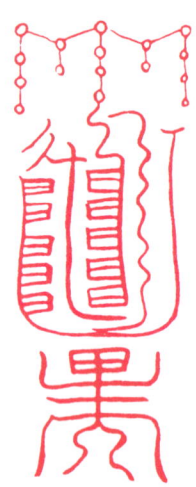

③ 무역(貿易)이득부

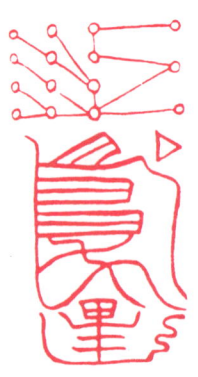

④ 천지음양(天地陰陽) 화합이득부

22 사업흥왕부(事業興旺符)

이 부적을 써서 내실(內室) 문 위에 붙이면 사업이 흥왕하고, 장사가 잘 되며, 집안 식구가 건강하고 또는 자손이 창성하며 가축(家畜)이 번성한다.

따라서 집안에 경사와 복록이 이른다는 것이다.

①
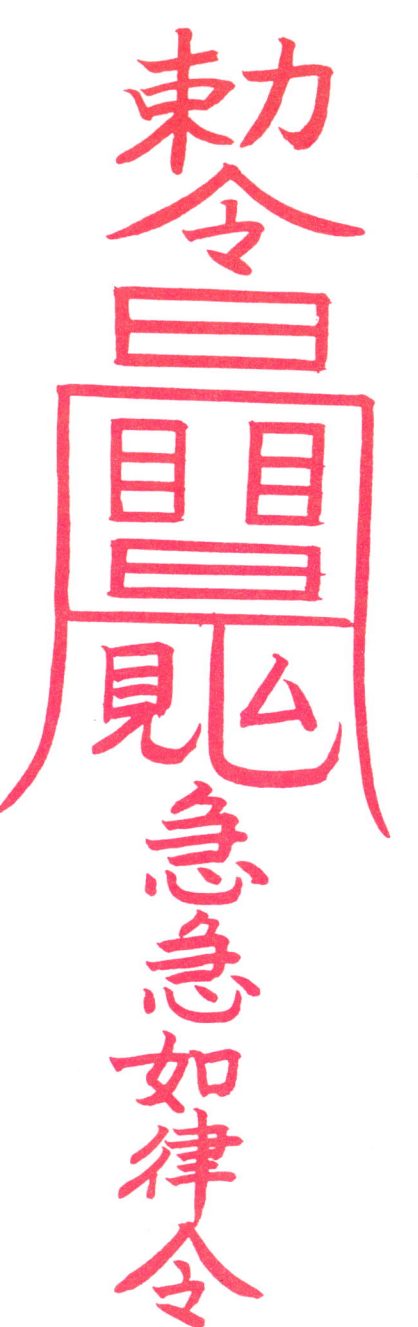

②
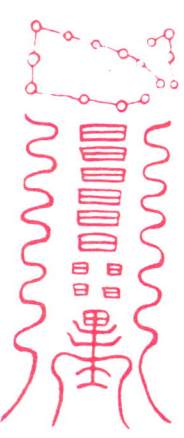

23 복운부(福運符)

이 부적을 그려 집안 동남쪽 벽 위에 붙이면 복과 운수가 대통한다.

① 屈門女王急急如律令

②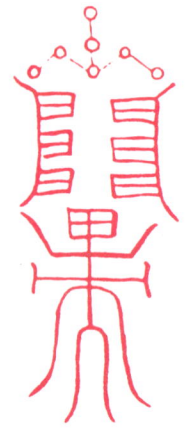

24 번영부(繁榮符)

① 天天風來人來唸急如律令

이 부적을 내실 문위에 붙여두면 집안이 번영한다.

②

25 중악부(中岳符)

①

②

장사가 잘 되고 손님이 많이 생기는 부적이다.

이 부적을 그려 점포안에 붙여 두면 장사가 잘 되고 이익이 늘어간다. 따라서 집안이 평안하고 우환이 침범치 않는다.

天尸尸媞䭾唵急如律令

26 실패(失敗)를 방지하는 부

①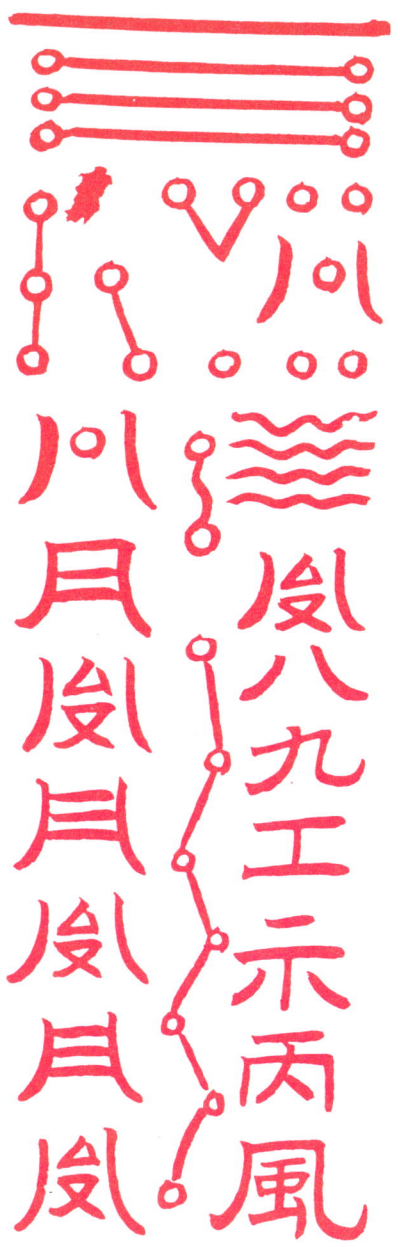

사업(事業—또는 장사)을 처음 시작하거나 증자(增資) 또는 변경(變更)하거나, 기타의 모든 일을 추진하려 할 때, 그리고 이미 추진 중에 있을 때 경영주 자신이 이 부적을 지니면 낭패없이 잘 운영된다고 한다.

②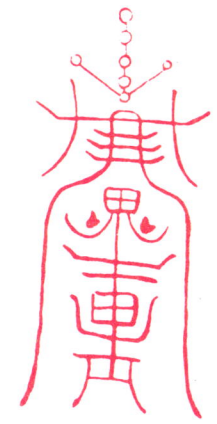

27 중요한 물건을 옮겨 놓을 때

이 부적을 써서 물건에 붙이고 옮겨놓으면 탈이 생기지 않는다.

28 분실물(紛失物) 찾는 법

집안에 있는 물건이 없어졌거나 어디에 있는지 알 수 없는 경우 아래 부적을 그려놓고 주문을 외우면 찾아낸다.

주문 : 「○○물건 속히 나오너라」

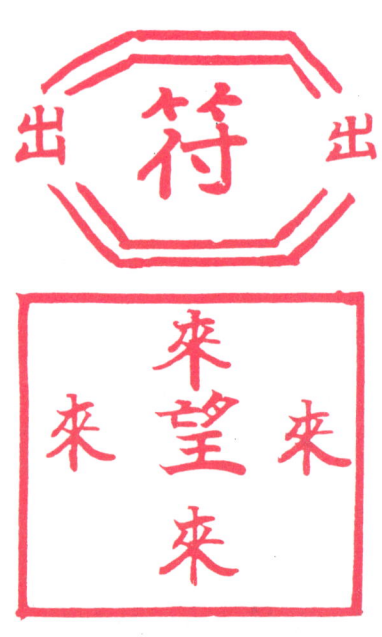

十三. 연애·결혼(戀愛·結婚)

1　인연부(因緣符)

①

②

연애하려는 상대자가 없는 경우, 또는 혼담(婚談)이나 약혼(約婚) 등이 잘 이루어지지 않을 때 이 부적을 지니면 좋은 인연을 만나고 약혼 및 혼담이 잘 이루어진다.

③ 인연성취부　　　　　④ 인연소원부

呪尾嵐而思鬼隐急如律令

尾品品品隐急如律令

⑤ 애정원만부

⑥ 반드시 인연을 맺게 해 달라는 부

月月月 唵急如律令
尸田鬼

月品品
星品品
月品弓品
月品弓品
ㅋ 如夫和具目月唵急如律令

⑦ 여자가 남자 인연을
만나게 해 달라는 부

2 **정통부(情通符)**
　정통부(情通符)는 「소원성취부」로도 쓰인다.

3 짝사랑이 이루어지는 부

남녀를 막론하고 짝사랑을 이루고 싶거나, 실연을 당하였거나, 교제중 서로 거리가 멀어진 경우 이 부적에 쌍방의 성명과 생년월일시를 정확히 쓰고 칠일간 지녔다가 꺼내어 불사르며 마음에 드는 경문을 읽으면 남녀가 정이 화합(和合)하여진다.

①

和仙師勅令
和合永遠相思恩愛善氣罡
男姓名○○○ 年月日時
女姓名○○○ 年月日時
順

②

口者口用
口者尾口用
口者口用
唵急如律令

4 결혼성취부(結婚成就符)

자기가 좋아하는 상대와 결혼이 이루어지지 않거나, 혼담(婚談)에 장애가 생겨 혼인이 늦어지거나, 중매(中媒)가 없어 결혼을 못하는 사람 등은 이 부적을 써서 몸에 지니면 곧 결혼이 성립되고 결혼후에도 부부의 금슬이 좋다고 한다.

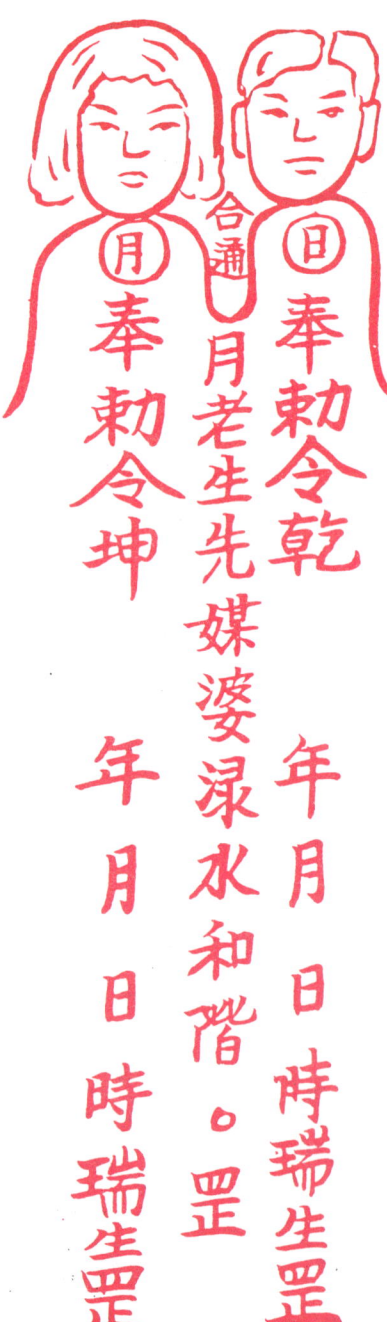

5 애정독점부(愛情獨占符)

이 부적은 이성(異性)의 사랑을 독차지하고 싶을 때 상대방의 생년월일 부적옆에 써서 몸에 지니거나 벼개속에 넣고자면 신효하다.

6 교제를 끊는 부

①

남녀가 교제하다가 상대방이 싫어져서 끊으려 하는데도 상대방에서 응해주지 않을 때는 이 부적을 써서 항상 몸에 지니면 상대가 자연히 물러간다.

②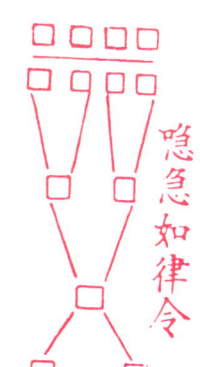

여자가 남자를 절교소원부

① ② ③

十四. 부부·애정(夫婦·愛情)

1 부부화합부(夫婦和合符)

이 부적은 현재 부부간에 불화(不和)하거나, 아직 부부 사이가 나쁘지 않더라도 장차 있을지도 모를 부부불화를 방지하고 영원한 화목(和睦)을 위하여 쓰이는 부적이다.

①
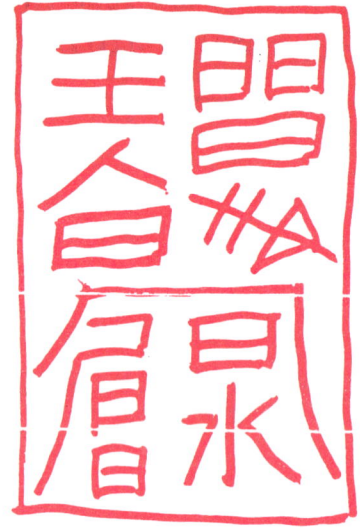

②

③

2 부부불화(夫婦不和)방지부

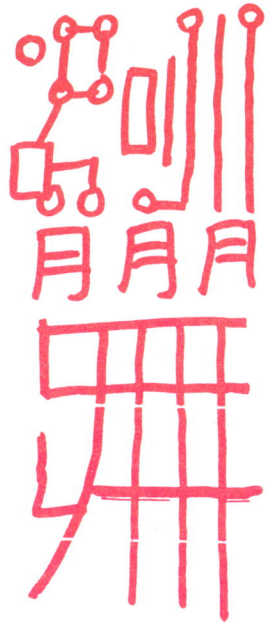

부부(夫婦)가 화목함은 한 집안의 평화를 유지하는 근본이다. 그러므로 부부가 화목한 가정은 모든 일이 손조로와지고 따라서 집안이 번창하는 것이다. 그러나 부부 사이가 좋지 못하여 싸움이 자주 일어나거나 찬바람이 일어나는 집안은 도무지 잘 되어 나가는 일이 없기 마련이다. 이 부적을 써서 「부부화합부」와 같이 남녀가 각각 지니면 부부간에 의사가 합치되고 미운 마음이 자연 사라진다.

3 부부불화예방부(夫婦不和符)

①

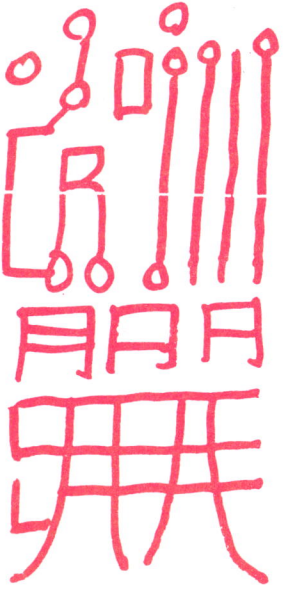

부부중 한명이라도 원진살 또는 상충살이 있으면 서로 원만치 못하여 가정불화가 그칠줄 모른다. 이때 이 부적을 써서 각자 1매씩 또는 부부가 기거하는 내실 문위에 붙여 놓으면 행복해진다.

②

4 부부자손 화합부

①

이 부적을 써서 내실 문위에 붙이면 부부(夫婦)와 자손(子孫)이 화합하고 온 집안에 재난이 없이 태평하다.

②

5 부부해로부(夫婦偕老符)

①

사주(四柱) 추리에 부부해로가 어렵다고 판단되거나 고신·과숙살이 있으면 그 살을 막는 부적과 같이 일년마다 새것으로 삼년간 지니면 부부가 해로한다.

②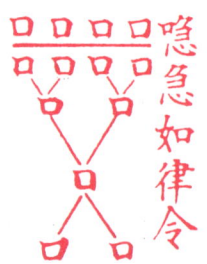

6   화합부(和合符)

① 和和
　 和和
　 鬼
　 品
　 唸
　 急
　 如
　 律
　 令

이 부적은 상대방과 교제중 애로가 있던가 짝사랑하는 경우 또는 상대방이 멀어질 때 쓰는 부적인데 반드시 노란색 종이에다 상대방의 생년월일시와 성명을 써서(본인동일) 본인(사용하는 자)의 출생시간에 몸을 깨끗이하고 새옷으로 갈아입고 정좌하여 마음속으로 자기 이름과 상대방의 이름을 외우며 화합을 기원하는 기도를 올리고 소각시켜 버리면 백일 이내에 성공하리라.

②

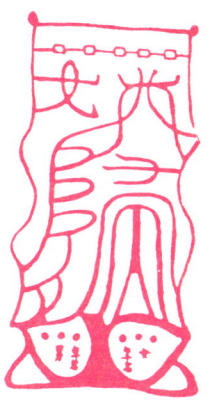

③   부부 화합하는 부

④ 三太田大種國主 福神 大之命兼大師

접어서 봉투에 넣고 몸에 지닌다.

7 애정(愛情)을 두터워지게 하는 애정부(愛情符)

애정부란 부부간에 정다운 점이 없이 서로 남과 남이 처음 만난 것처럼 서로 이해하지 못하여 화합이 잘되지 않을 때 사용하는 부적으로 이 부적을 경면주사로 써서 화합하기를 원하는 사람이 몸에 지니고 1장은 상대방 모르게 배게 이불속 등에 넣어 두면 애정이 두터워진다는 부적이다.

8 부부신액(夫婦身厄)예방부

부부신액예방부(夫婦身厄豫防符)란 四柱에 부부대조하여 七殺(官殺)이 있던가 또는 凶殺이 침범하였을 때 쓰는 부적인데 이런 때는 집안이 편치 못하여 질병, 구설 등이 자주 발생한다. 이 경우는 경면사주로 부적을 써서 문 위에 붙이고 또 숭신부, 만사형통부도 같이 붙여두면 凶한 액이 자연히 없어지고 吉星이 들어온다.

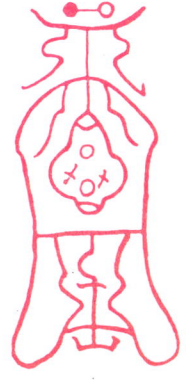

9. 언쟁방지부(言爭防止符)

가정내에서의 가족간의 언쟁을 방지한다.

10 권태증(捲怠症)방지부

①

부부간에 권태증이 생겼거나 권태증이 생기지 않도록 미리 방지하려면 이 부적을 써서 동침하는 이부자리 속에 넣어두면 신효하다.

②

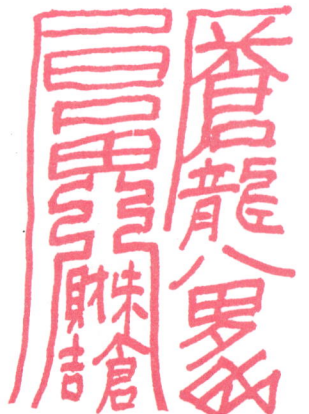

11 외도방지부(外道防止符)

①

(가) 남편이 바람 피울 때
이 부적을 써서 남편 모르게
베게속에 「부부화합」부와 같이
넣어두면 곧 효력이 있다.

②

①

(나) 아내가 바람 피울 때
아내가 바람기가 있거든 화합
부 一매와 이 부적 一매를 상대
방(아내) 모르게 그이 벼개속에
넣어두라.

②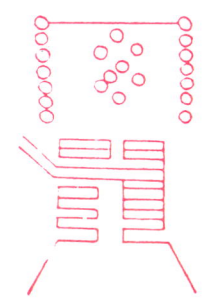

12 규방예방부(閨房예방부)

규방예방부(閨房豫防符)란 四柱八字에(여자에 한함) 과숙살, 화계살 등이 있을때 쓰는 부적인데 과숙살이란, 四柱年柱가 子年生이 他柱에 戌이 있을 때 丑=戌, 寅=丑, 卯=丑, 辰=丑일 때 巳年柱가 辰이 있을 때 午=辰, 未=辰, 申=未, 酉=未, 戌=未, 亥=戌 있을 때 과숙살이 된다. 과숙살이 역마살과 같이 있으면 결혼하여 생이별하고 과부가 되어 객지에 떠돌아다니며 많은 남자와 연정을 맺는다는 사실이다. 만약 여자 四柱中에 과숙살이 있는데 男子 四柱에도 과숙살이 있으면 서로 결혼하면 부부가 생이별하게 되므로 상호 불행하게 된다.

女子 子年生은 男子 戌日生을 만나지 말고

女子 丑年生은 男子 戌日生을 만나지 말것

女子 寅年生은 男子 丑日生을 만나지 말것

女子 卯年生은 男子 丑日生을 만나지 말것

女子 辰年生은 男子 丑日生을 만나지 말것

女子 巳年生은 男子 辰日生을 만나지 말것

13 제첩부(除妾符)

①

②

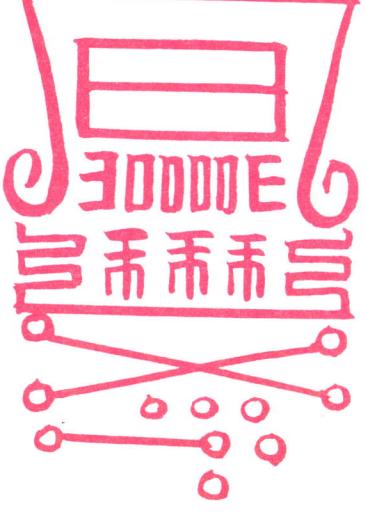

제첩부(除妾符) 또는 「첩제거부」라고도 하는데 이 부적을 써서 남편 모르게 속주머니 또는 적당한 곳에 넣어 남편이 지니고 다니도록 하면 자연히 첩(妾)과 멀어져서 서로 헤어진다는 부적이다.

본처(本妻)의 입장에서 남편이 첩을 얻었거나 얻고자 하거나, 얻을 염려가 있을 때 이를 방지하는 부적이다. 이 부적을 남편 옷속에 넣어두면(모르게) 첩을 얻지 않으며, 이미 얻은 첩을 떼려면 쥐꼬리 3개와 고양이꼬리 3개를 부적과 같이 싸서 남편 옷속에(모르게) 넣어두면 신효하다.

③

十五. 임신·해산(姙娠·解產)

1. 태(胎)를 편안케 하는 부

 부녀자가 임신하였을 경우 이 부적을 그려 항시 몸에 지니고 있으면 출산(出產)때까지 태아(胎兒)가 안전하게 잘 자라고 또 임신부(姙娠)도 건강을 유지한다.

(가) 안태부(安胎符)

(나) 산모와 태아가 같이 건강해 달라는 부

(다) 태아를 편케 하는 부

唵勅令厮煞秦九㸚菩唵符气寿罡

勅下明馬馬馬馬馬馬馬馬馬斷退産神符一道鎭安

2   보태부(保胎符)   (나)태아와 산모를 보호해 달라는부

(가)태아의 안전을 보호하는 부

3 유산(流産) 및 낙태(落胎) 방지부

① 부녀자(婦女子)가 임신하여 유산 또는 낙태가 빈번하여 습관성이 된 사람은 애기를 임신하였을 당시 이 부적을 써서 불에 태워 재를 만든뒤 사인(砂仁) 한돈중을 대린물에 타서 복용하기를 계속 七일간을 되풀이 하면 이후는 유산 혹은 낙태되지 않으며 산모와 태아가 같이 건강하다.

②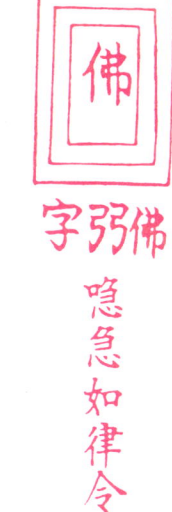

4. 낙태 및 사산(死產) 방지부

①

운명학상(運命學上)의 판단으로 낙태귀(落胎鬼)가 침범하였거나 산소(山所) 또는 객사귀(客死鬼)의 작난으로 임신부가 순산(順產)하지 못하고 낙태 또는 사산(死產)이 빈번할 경우는 악귀불침부(惡鬼不侵符) 一매와 이 부적 한장을 임신부의 몸에 지니고 있으면 이 후는 유산이나 낙태의 객이 없이 순조롭게 애기를 낳을 수 있다.

②

5. 피임부(避姙符)

①

산아제한하고자 할 때나 피임하는 경우

②

6 순산(順產)하는 부적

①

산모(產母)가 몸에 허약하거나, 초산(初產)으로 출산(出產)의 경험이 없거나, 몸이 건강하고 출산의 경험이 있더라도 난산(難產)의 징조가 있다고 느껴질 때 미리 이 부적을 써서 「당귀」 두돈중을 대린 물에 아래 부적글씨 한자씩을 순서대로 태운 새를 혼합해서 한끼에 한장씩 三일간 복용하면 순산하게 된다.

②

7. 난산예방부 (難産豫防符)

난산을 방지하고 순산하고 자 할 때 예방하는 부이다.

8 최생부(催生符 — 해산을 빨리하라는 부적)

산부(産婦)가 임신 십삭(十朔)이 되면 만삭(滿朔)이라 해서 곧 해산(解産)하기 마련인데 십삭이 넘어도 좀체로 해산의 기미가 없으면 이는 난산(難産)의 징조이다. 이런 경우와 산부가 해산에 임하여 오래도록 출산(出産)을 못할 때는 아래의 부적글씨 아홉자를 써서 한끼에 한자씩 불에 태워 당귀 두돈중 다린물에 타서 복용하기를 삼일간 계속하면 곧 순산(順産)하게 된다.

(가) 최생부

(나) 해산을 속히 하라는 부이니 불에 태워 재를 복용하라.

(다) 속히 출산시켜 달라는 부

勅下⑨月☰☰☰催生霊符㊗生産速女者地下

勅令下 男此生吉呂召 麒麟到此宅吉

(라) 해산을 속히 하라는 부

9 도산부(倒産符)

태아가 나오다가 멈추거나, 거꾸로 나오려 하거나 혹은 옆질러 나오려 할 때 급히 이 부적을 써서 태워마시면 곧 순산한다.

10 횡·도산(橫倒産) 예방부

운명학적인 판단에 의하여 산액(産厄)이 있다고 예고되면 거꾸로 나오거나 옆질러 나올 우려가 있으니 이를 예방하여야 한다. 부엌칼을 불에 달구어 탁주에 눕그었다가 식힌 뒤 부적재를 타서 산모에게 복용시키면 이러한 액이 방지된다.

11 태혈속출부(胎血速出符)

①

애기를 낳은 뒤 태혈(胎血-즉 後産)이 잘 나오지 않을 때는 이 부적을 써서 불에 태워 마시게 하면 태혈이 빨리 나온다고 한다.

②

12 후산편안부(後産便安符)

이 부적을 태워마시면 후산이 순조롭고 해산뒤에 고통이 없다.

① 日日安安唵急如律令

②

13 젖 잘나오게 하는 부

미리 산모의 젖이 잘 나오게 할 때, 또는 젖이 잘 나오지 않을 때 이 부적을 써서 태워 마신다.

① 乳生生水品鬼唵急如律令

② 天天天下下下日日日鬼唵急如律令

十六. 자손(子孫)

1　자손 구하는 부

①

자손이 아직 없어 두기를 원하는 사람은 이 부적을 써서 이부자리속에 넣어두면 자손을 둔다 한다.

②

2　아들 잉태하게 하는 부

①

이 부적을 써서 은도끼를 싸가지고 이부자리에 넣은 뒤 부부가 동침하면 곧 아들을 잉태한다.

②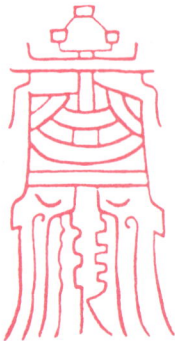

3 생자소망부(生子所望符)

4 구자손부(求子遜符)

①

생자소망부(生子所望符)란 아들이 없는 집에서 사용하는 부적인데 이때 집 울타리나 마당에 복숭아나무 가지에다 이 부적을 써서(경면주사 사용할 것) 동쪽으로 향한 가지를 선택하여 그곳에 매여 단 다음 다시 경면주사로 황성대장군(黃省大將軍)이라고 써서 지붕이나 옥상에 걸어놓으면 반드시 아들을 낳는다고 하나 과연 적중하는지는 알 수 없다.

혼인후에 자식을 낳아 기르다가 자주 실패하거나, 사주학추리(四柱學推理) 판단에 의하여 자손의 실패살이 있거나, 혼인후에 三四년이 지나도록 태기(胎氣)가 없는 사람은 이 부적을 그려(朱砂로) 동쪽으로 뻗어나간 복숭아나무 가지를 꺾어다가 부적종이 밑에 「大將軍」이라 써서 매어달고 七일간 지붕위에 꽂아두면 실패수를 면하고 곧 귀자를 낳아 탈없이 잘 기른다고 한다.

구자손부(求子孫符)

구자손부(求子遜符)란 부적은 자손이 없는 사람에게 해당되는 부적인데 부부가 합방하는 방문위에 1장 이불이나 요속에 넣고 자면 효력이 발생한다.

5. 남아(男兒)양육부

딸이 많은 집에서 아들을 원하고 있으나 아들을 낳으면 양육하지 못하고 죽는 경우가 있다. 이때 이 부적을 경면주사로 2매 작성하여 신생남아가 있는 방 머리쪽 벽에 붙이고 1장은 산모가 100일간 몸에 간직하였다 태워 먹고 다시 써서 태워먹고 하여 1년을 거듭하면 그 액을 면한다.

6 자손화합부(子孫和合符)

①

자손화합부(子孫和合符)란 자손이 화합하고 부부와도 화목하며 장수한다는 부적인데 경면주사로 써서 문위에 매년 연속 붙여두면 효력을 발생한다는 것이다.

②

7 구녀성살(九女星殺) 막는 부

구녀성살부(九女星殺符)는 아들을 낳으면 양육하기 힘들 때거나 딸만 계속 낳을 때 쓰는 부적인데 경면주사로 부적을 써서 부인 몸에 지니고 다니면 아들을 낳아 양육을 잘 한다고 한다. 이 때는 생자부와 같이 사용하면 더욱 吉하다.

구녀성살(九女星殺)이란 첫 딸을 낳기 시작하여 계속 아홉을 낳는다는 살이다. 그러므로 계속해서 세번째까지 딸을 낳을 경우(첫딸을 낳은 뒤 예방함이 더욱 좋을 것임)는 혹 구녀성살을 띤 것이 아닌가 염려되니 반드시 이 부적을 써서 부인의 몸에 지니게 하되 아들을 낳을 때까지 지니고 있어야 한다.

안산부(安産符)

8   방탕(放蕩)을 막는 방법

성년(成年)에 가까운 사람이 타인의 유혹에 빠져 가출하거나 방탕에 빠졌을 때 이 부적을 본인의 몸에 지녀주면 효력이 있다.

①

②

9   가출예방부

四柱에 미혼살이 있던가 신수에 있을 때는 재난, 유혹으로 가출하는 살인데, 이때는 경면주사로 이 부적을 써서 당사자 모르게 몸에 간직하도록 하고 베개에 넣어두면 자연히 유혹에서 벗어난다.

①

②

10 유혼부(游魂符)

①

미성년자가 본의아닌 타인의 유혹에 빠져 가출 또는 방탕 행위가 발생하였을 때 이 부적을 경면주사로 써서 실내 문위에 붙이고 1장은 본인의 몸에 간직하면 화를 면한다.

②

11 가출방지부(家出防止符)

①

가족중에 이유없이 가출하였거나 자주 가출하는 사람이 있을 경우 이 부적을 써서 내실 문 위에 붙여두면 가출인은 귀가하고 아직 집에 있으면 집을 나가지 않는다.

②

十七. 안택(安宅)

1 가택 편안부(家宅便安符)

①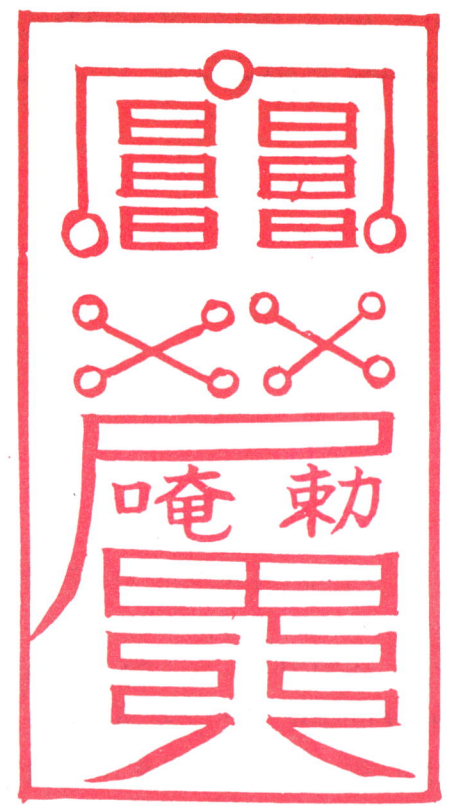

안택(安宅)이란 집안 즉 가정(家庭)을 편하게 한다는 뜻이다.
다시 말하여 가정의 평화 및 안전을 유지시키려는 목적에 쓰이는 부적인데 첫째 집안에 우환질고(憂患疾苦)가 침범치 말아야 하고, 둘째 가정의 번창과 재산이 늘어야 하며, 셋째로는 집안에 모든 상서롭지 못한 일이 생기지 않도록 예방하거나 질병, 손재, 실패, 불화 등이 이르렀을 경우 이러한 재난(災難)을 물리치려면 아래의 부적을 임의로 선택 사용하라.

②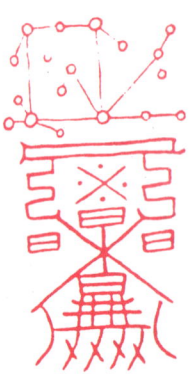

③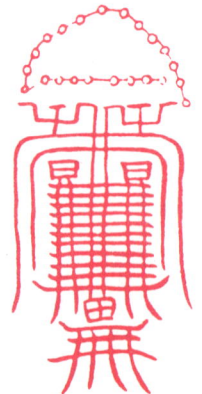

2 안택부(安宅符)

아래에 있는 부적 ① ② ③ 중에 임의로 골라 주사(朱砂)로 그린 뒤 내실문(內室門) 벽 위에 붙여두면 우환질고와 모든 재앙이 사라지고 경사가 이르며 부귀장수(富貴長壽)한다.

①

②

③

3 안택고사부(安宅告祀符)

안택고사(安宅告祀)를 지내거나 안택경(安宅經)을 읽을 때 아래 부적을 써서 방(房-방수대로) 부엌, 창고에 붙여두고 안택고사를 지내면 잡귀가 물러가고 길복이 이른다고 한다.

①

②
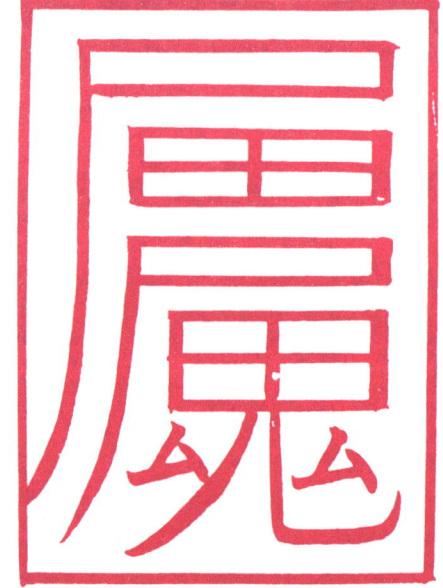

③

4 우환(憂患)소멸부

①

집안에 근심걱정이 이르거나 생길 징조가 보일 때 이 부적을 써서 내실 문 위에 붙여두면 우환이 사라지고 대길하다.

②

5 가액(家厄)퇴치부

①

집안에 우환질고가 생기거나, 부부, 형제, 자손의 불화 혹은 손재구설이 생겼을 때 이 부적을 써서 내실문 위에 붙이면 모든 가액(家厄)이 사라진다.

②

6 가내대길부(家內大吉符)   이 부적을 써서 대문(大門)에 붙여두면 모든 재앙이 침범하지 않으며 질병과 근심이 사라질 뿐 아니라 집안이 화목하고 재산이 늘어나며 육축이 번성하고 자손이 창성한다.

①

② 除除除除 唵急如律令

7 오방신(五方神)수호부

동방신수호부(東方神守護符)

오방(五方)이란 동(東), 남(南), 서(西), 북(北), 중앙(中央)의 다섯 방위인데 각 방위마다 주관하는 신장(神將)이 있다는 것이다. 이 부적을 써서 집안 각처(五方)에 붙이면 집안이 안락하다는 것이다.

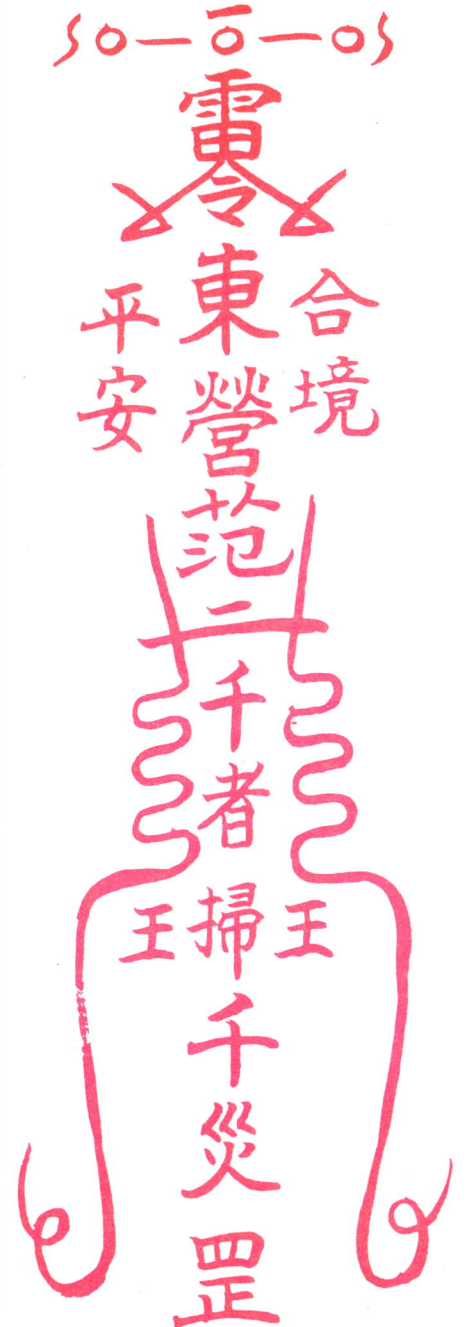

사덕문부(四德文符)

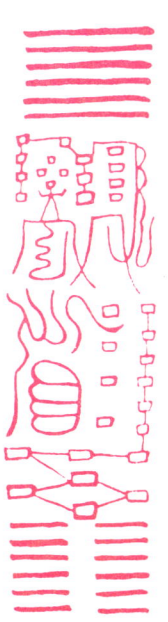

북방신(北方神)수호부　　　중앙신(中央神)수호부

남방신(南方神)수호부   서방신(西方神)수호부

동남방	정남방	서남방	정서방
東南方	正南方	西南方	正西方
(巽主의秘符)	(離主의秘符)	(坤主의秘符)	(兌主의秘符)

서북방	정북방	동북방	정동방
西北方	正北方	東北方	正東方
(乾主의秘符)	(坎主의秘符)	(艮主의秘符)	(震主의秘符)

8 가정불화(家庭不和) 방지부

①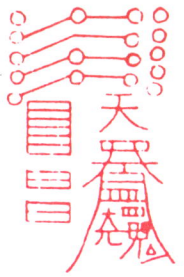

집안에 부부불화, 부모형제불화가 있거나 도난(盜難), 실패, 관재구설, 수화재(水火災), 질병 등의 재난이 생길 경우 이 부적을 써서 내실 문 위에 붙여두면 집안이 편안해진다.

②

9 친척화목부(親戚和睦符)

친척(親戚) 즉 외가(外家), 처가(妻家) 또는 삼사촌(三四寸) 이상 당내 팔촌(八寸) 이내의 친족간에 화목치 못하거나, 매사에 장애가 끼어 손재(損財)가 있을 때, 위 부적을 그려 내실문 위에 붙여두면 대길하다.

①

②

10 가화이득부(家和利得符)

현재까지 가정불화부를 소개한 바 있다. 그 부적으로도 효력이 없을 때는 최후의 부적으로 이 부적을 사용하면 효력을 발생한다. 그러나 이 부적은 타부적을 사용후 최후로 사용할 것을 다시 강조한다.

①

②

11 가운개운부(家運開運符)

가운이 발동 가환, 불화, 탄식, 재난으로 집안에 불화가 많이 발생할 때 타부적으로 효력이 없을 땐 이 부적을 써서 실내 문 위에 붙이면 길해진다.

①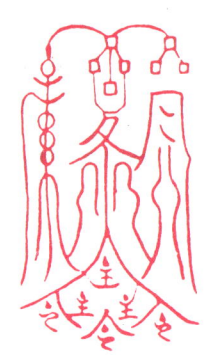

②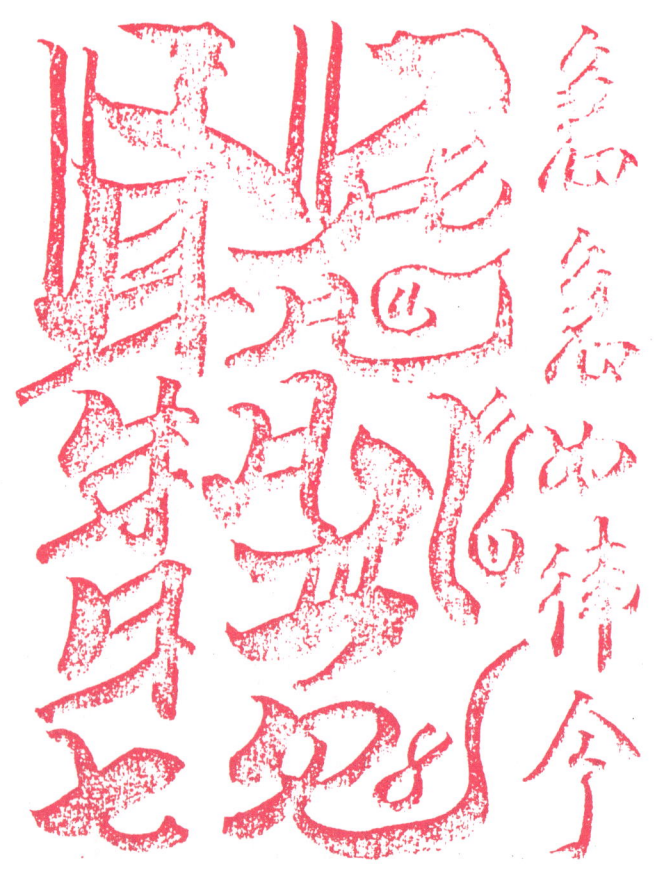

12 육친화합부(六親和合符)

친척과 집안 사람들이 서로 화목하지 못하고 언쟁 등이 발생하던가 가축 사육이 실패를 거듭할 때는 이 부적을 써서 실내 문위에 붙이면 더욱 길하게 된다. 특히 사업장에는 사업장 문위에 붙인다.

①

②
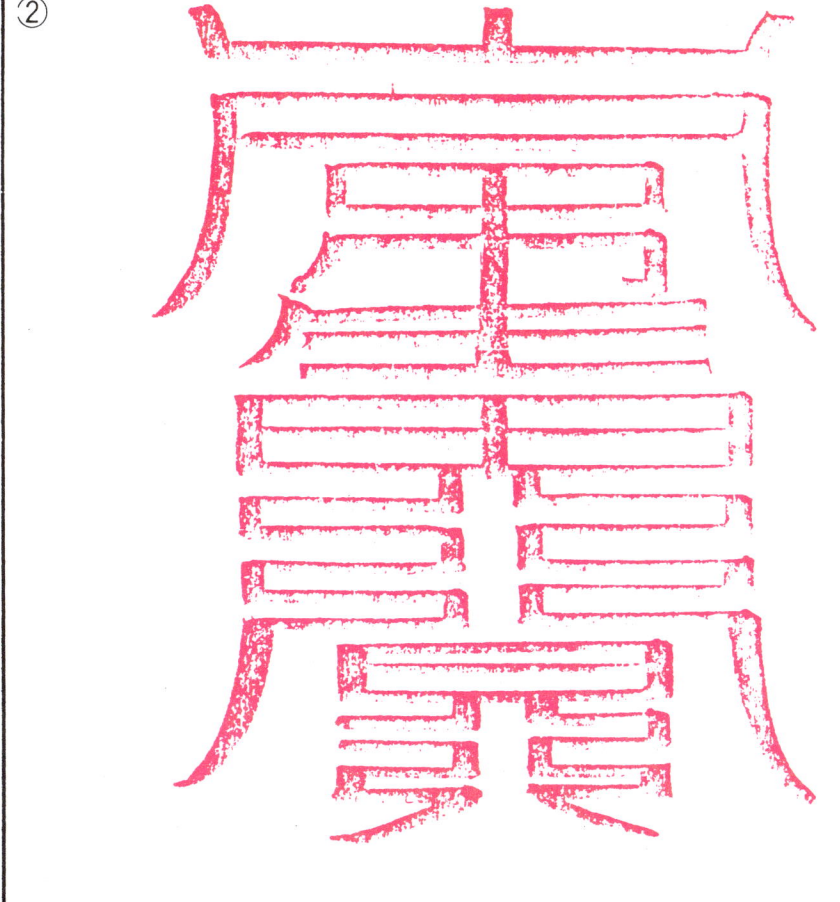

13 쥐, 뱀, 벌레 물리치는 부적

집안에 쥐가 몹시 많아 소란을 피우거나, 뱀이 자주 들어오거나 좋지못한 벌레가 많이 생기거나, 기타의 괴이한 날짐승, 길짐승이 들어오면 일이 생길 징조이니 위 부적을 써서 집안 몇군데에 붙여두면 이러한 것들이 침범치 않으며 집안의 재앙도 침범못한다.

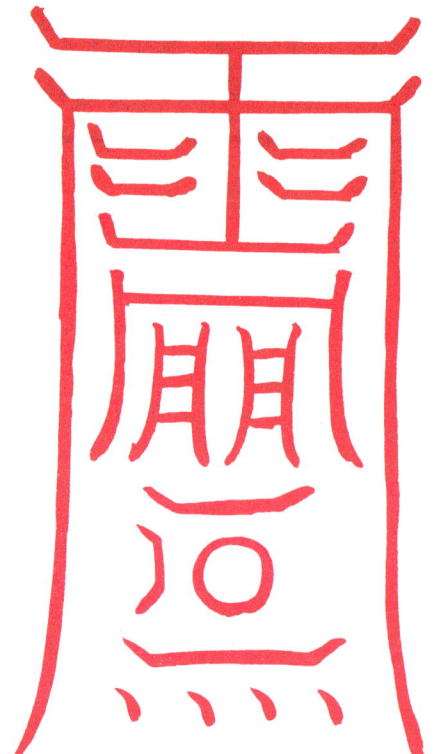

가내소동사(家內騷動事) 퇴치부

①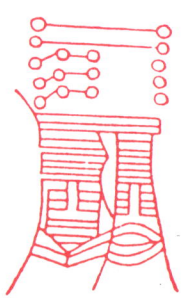

②

도난(盜難) 방지부

十八. 동토 건축 수리(動土 建築 修理)

흙을 다루거나(動土), 나무(動木), 돌(動石)을 다루거나, 집을 짓고 수리하기 위하여 이상과 같은 일을 함으로써 부정(不淨) 혹은 살방(殺方)을 범하여 우환, 질고, 손재수가 생기는 경우가 있다.

1 동토부(動土符)

동토(動土)란 글자풀이로는 흙을 다룬다는 말이지만 사실상 흙뿐 아니라 나무 돌 쇠부치 등 기타의 물건을 다루거나 부정 및 살을 범한 경우도 통칭「동토탈」이라 한다.

①

②

2 백사 동토부(百事動土符)

흙, 나무, 돌, 쇠부치, 또는 어떠한 물건을 다루거나, 삼살(三殺), 오귀(五鬼), 대장군(大將軍), 안손(眼損), 퇴식(退食), 증파(徵破), 진귀방(進鬼方)에서 건축, 수리, 우물파기 등 일을 하거나 흉방으로 이사하여 탈이 생겨거나, 부득이 이를 범하지 않을 수 없을 경우 등 여하간 백가지 동토, 부정탈이 났거나 예방하는데 쓰이는 부적으로 해당되는 장소에 붙여두면 대길하다.

①

②
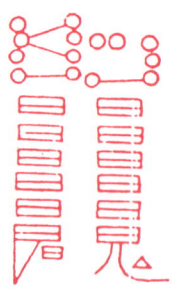

3 상충부(相冲符)

상충부(相冲符)라 함은 대부분 가옥을 수리한다던가 또는 사업장을 수리할 때 이 부적을 작성하여 네 귀퉁이에 묻는다. 그러면 사업장 또는 집안의 우환이 없고 아무런 사고가 발생하지 않는다. 이 때도 숭신부를 같이 경면주사로 써서 사용하기 바란다.

②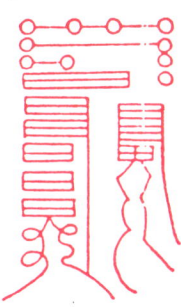

①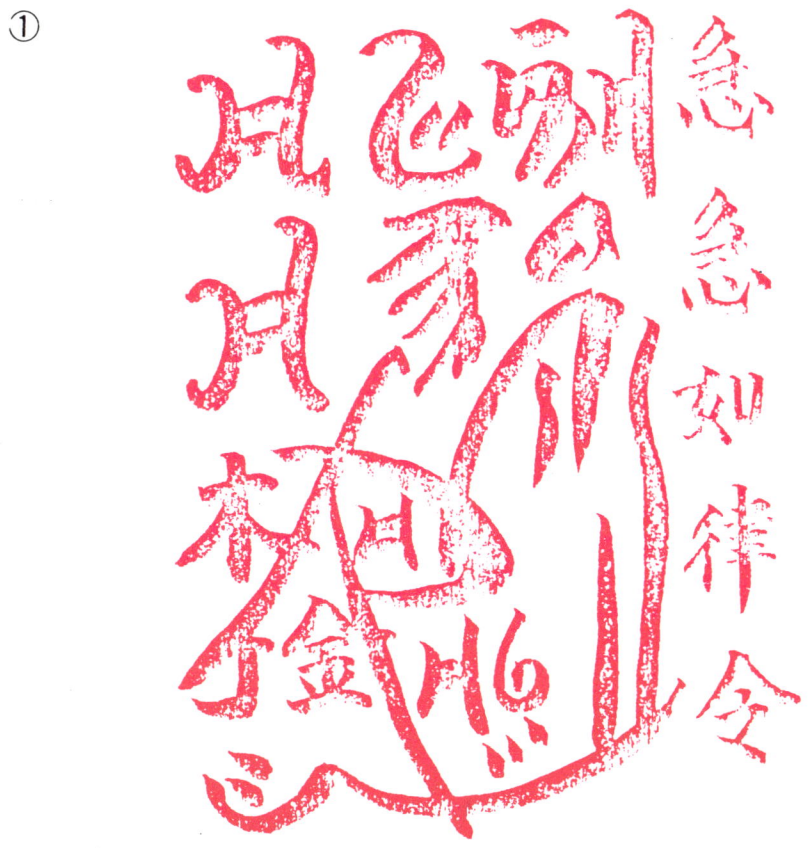

4 기물예방부(器物豫防符)

기물예방부(器物豫防符)란 물건을 잘못 다루다 발생하는 사고인데 이때는 그 물건에 이 부적을 써서 붙이면 재난이 물러간다.

①

②
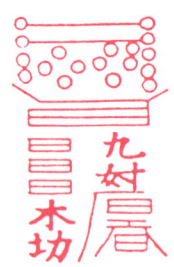

5 목동부(木動符)

목동부(木動符)는 나무를 사용하다 사고 또는 기타 凶함이 일어났을 때 이 부적을 작성하여 동토난 곳에 붙여 놓으면 吉해진다.

①

②

6   동토예방부(動土豫防符)

동토예방부(動土豫防符)란 부적은 흙을 다루다가 사고가 발생했을 때 쓰이는 부적인데 대부분 각종 공사장 및 집수리 신축 등을 할 때 사전예방하기 위하여 사용하는 부적으로 현장에 붙여 놓으면 凶함을 면한다.

재해(災害)방지부

7   석동예방부(石動豫防符)

석동예방부(石動豫防符)는 돌, 쇠 등을 다루다가 사고가 나던가 사전에 예방할 때 사용하는 부적인데 물건을 다루는 곳에 붙여 놓으면 사고는 무마되고 사전 예방된다.

재액(災厄)방지부

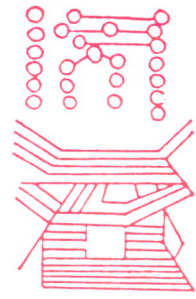

8   오귀방방지부(五鬼方防止符)

오귀방방지부(五鬼方防止符)란 부적은 오귀방으로 부득히 이사갈 경우에 경면주사로 작성하여 이사가는 집 방문위에 붙여두면 우환이 일어나지 않는다. 이때 숭신부를 같이 붙인다.

우환(憂患)방지부

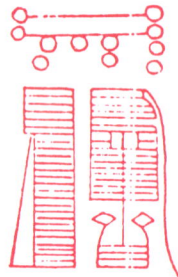

9   진귀방방지부(進鬼방防止符)

진귀방방지부(進鬼방防止符)란 진귀방으로 이사할 때 집 문위에 붙이고 가면 액운을 면한다.

중병(重病)퇴치부

10 안손방방지부(眼損方防止符)

안손방방지부(眼損方防止符)란 안손방으로 이사가서 탈이 나면 내실 방문 위에 이 부적을 써 붙이면 자연히 편안해진다.

재액(災厄)방지부

11 채토부(採土符)

집을 짓거나, 수리하거나, 우물, 웅덩이, 연못, 제방(堤防) 등의 공사(工事) 및 기타의 목적으로 흙을 다루고져 할 때 이 부적을 써서 현장에 붙여놓으면 탈이 생기지 않는다.

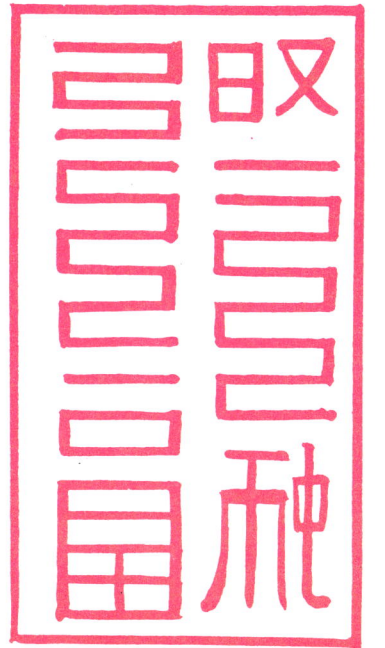

전답산림제충
(田畓山林諸虫)방지부

12 흙 다루는 부적(動土符)

흙을 파거나 집을 수리하다가 탈이 나서 손재, 질병, 불화, 상신(傷身) 등의 재난이 생겼거나, 이러한 액을 미리 방지하려면 이 부적을 사용하면 대길하다.

전답양잠제재부(田畓養蠶除災符)

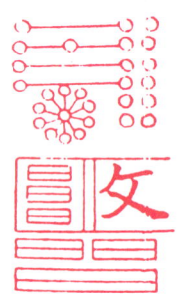

13 나무다루는 부적(動木符)

나무를 다루려 하거나, 나무를 잘못 다룬 원인으로 탈이 생겼을 경우 이 부적을 써서 현장에 붙여놓으면 아무런 탈이 생기지 않고, 또 이미 생긴 탈도 소멸된다.

우마육축제재부(牛馬六畜除災符)

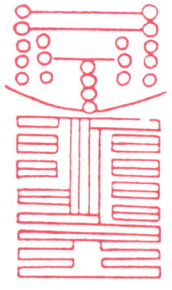

14 돌 다루는 부적(動石符)

돌을 캐거나 운반하여 건축 또는 수리하거나, 돌을 다룬 일로 탈이 생겼을 때는 이 부적을 써서 그곳에 붙여두면 탈이 제거된다.

우마가축광기제재부
(牛馬家畜狂氣除災符)

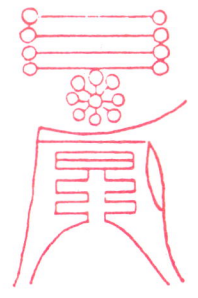

15 채토예방부(採土豫防符)

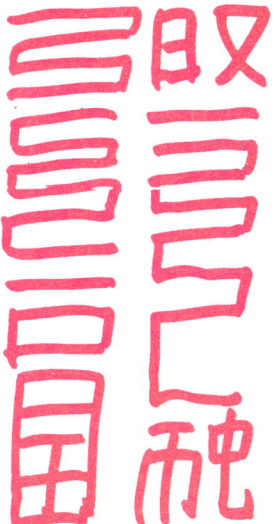

채토예방부(採土豫防符)란 땅을 파 헤치던가 앞으로 흙을 파서 사용하고져 할 때는 이곳에 숭신부와 같이 작성하여 흙속에 묻은 뒤 3일후부터 흙을 파도 동토가 나지 않는다.

위장내장병(胃腸內臟病)치료부

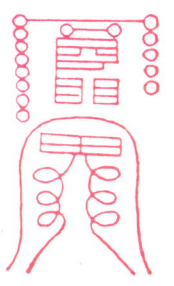

16 입하예방부(入荷豫防符)

입하예방부(入荷豫防符)란 낯선 물건(즉 옷이나 가구, 기타 중고품)이 집에 들어오면 탈이 나는 것을 말하는데 이때 이 부적을 써서 그 물건이 있는 곳 오른편에 붙이면 凶을 면한다.

신경병(神經病) 치료부

17 개수예방부(改修豫防符)

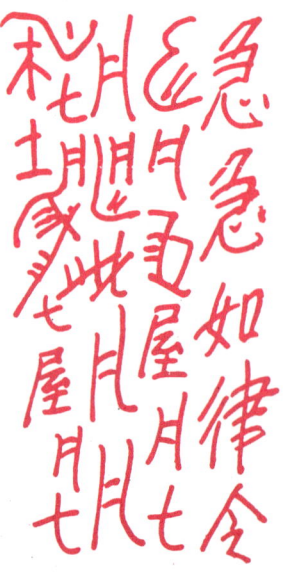

개수예방부(改修豫防符)는 신축 또는 수리할 때 쓰이는 부적인데 신축할 때는 땅 네귀퉁이에 묻고 시작할 것이며, 수리할 때는 역시 네귀퉁이에 묻고 수리를 하라. 특히 숭신부를 같이 쓰면 더욱 효력을 발생한다.

집을 수리하거나 신축할 때 사전에 이 부적을 경면주사로 4장을 써서 집 네귀퉁이에 붙여두고 수리, 신축하면 사고가 예방된다.

18 完工입주부

完工입주부는 신축건물 입주부로 집을 새로 짓고 첫번에 이사할 때 쓰이는 부적인데 이사가기 전에 뒤문 위에 붙이고 이사하면 별일없이 길해진다.

병인(病人)치료부

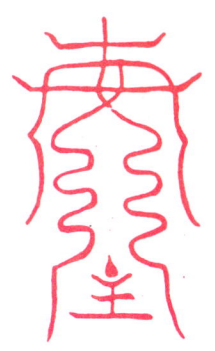

19 부증예방부

부증예방부는 솥에서 사고가 발생하였을 때 쓰이는 부적인데 이때 그 솥에 부적을 붙이면 우환이 자연히 소멸한다.

병인(病人)치료부

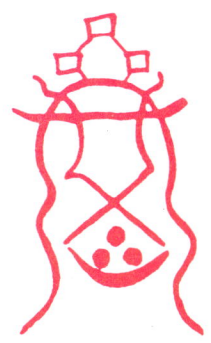

20   토신예방부(土神豫防符)

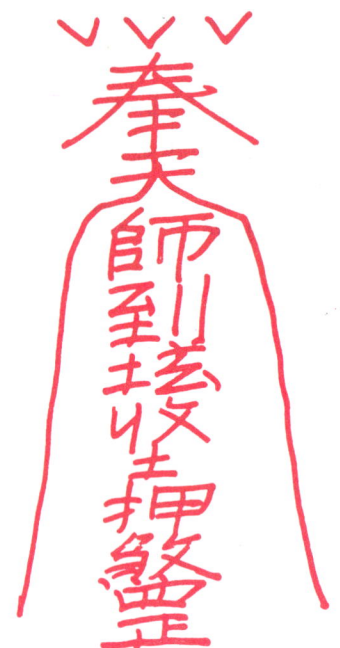

토신예방부(土神豫防符)란 방바닥, 부엌 등 흙을 함부로 다루면 동토가 나는데 집에 손재수가 오며 질병이 생기고 가정이 어수선하다. 이때는 이 부적을 고친 장소에 써서 붙이고 칠성님께 기도하면 액이 물러간다.

전염병(傳染病)예방부

21   삼살방부(三殺方符)

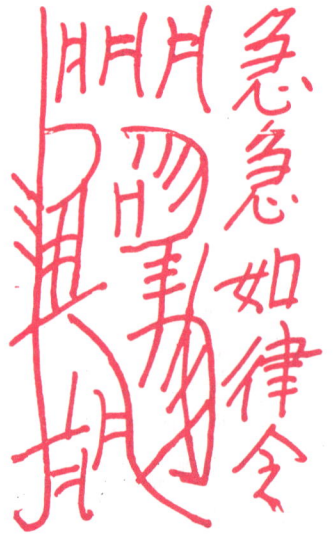

삼살방부(三殺方符)는 삼살방으로 이사할 경우 또는 삼살방 쪽의 수리등을 하였을 때 동토가 나는데 이때는 이 부적을 써서 집 네귀퉁이에 붙이면 그 액을 면한다.

두발병(頭髮病)치료부

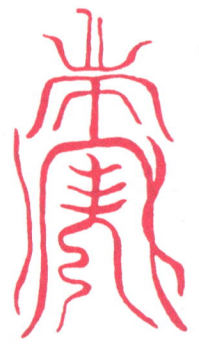

22 대장군부(大將軍符)

대장군방(大將軍方)이란 아래와 같다.

　　亥子丑 三年間은 西方
　　寅卯辰 三年間은 北方
　　巳午未 三年間은 東方
　　辛酉戌 三年間은 南方

이 방위를 범하여 탈이 생기거나 생길 우려가 있을 때는 위 부적을 사용하라.

집을 이사할 때 대장군방위로 이사하면 매우 흉한 방위이다. 어쩔 수 없이 이 방위로 이사하고져 할 때는 이사가는 집 네귀에 1장씩 붙이면 미연의 악을 방지할 수 있다.

23 조왕동토부(竈王動土符)

조왕이란 부엌(厨—특히 부뚜막, 또는 아궁이)을 말하는데, 조왕을 고치다가 탈이 생겼거나, 고치려 할 때 이 부적으로 방지하라

난청병(難聽病) 치료부

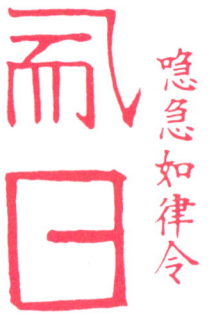

24 대장군방(大將軍方) 동토부

대장군방(亥子丑年西, 寅卯辰年北, 巳午未年東, 申酉戌年南)은 동토, 수리를 꺼리나 부득이 범하게 될 경우는 이 부적을 붙여놓고 역사(役事)하라.

고막병(鼓膜病) 치료부

25 개공길리부(開工吉利符)

집을 짓거나 공장, 창고, 기계조립, 제방(堤防) 등 모든 공사(工事)를 시작할 때 미리 이 부적을 써 놓고 시작하면 공사 진행이 순조롭게 잘 되고 준공(竣工) 후에도 아무런 탈이 없이 만사대길(萬事大吉)하다고 한다.

충치통치(虫齒痛齒)치료부

虫是江南虫　卻來喰我牙
釘在椽頭上　永世不還家

26 가옥수리 상충부(家屋修理 相冲符)

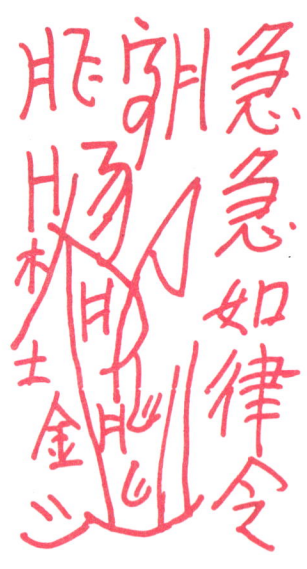

가옥을 수리하여 집안에 질병과 사고가 연발할 때는 경면주사로 이 부적을 써서(4장) 집안 네 귀에 붙이면 자연 재앙이 물러간다.

정신이상·공포증·불면증퇴치부
(精神異常·恐怖症·不眠症退治符)

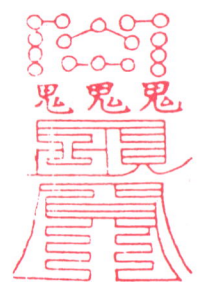

27 지신발동부(地神發動符)

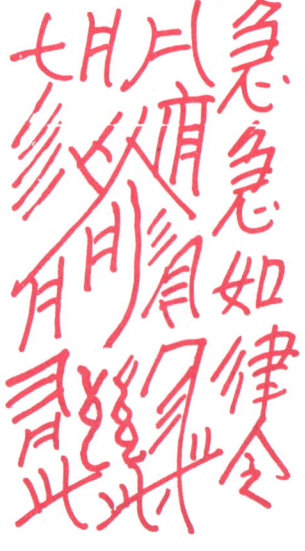

집안에 재난이 많거나 지진 등이 발동하여 풍파가 심할 때 이 부적을 써서 1장은 집에 붙이고 1장은 대문 앞에서 3미터 앞 지점에 묻으면 효력을 발생한다.

참사불의사(慘死不意死)예방부

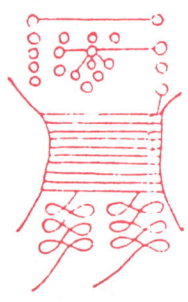

28   동토개공부(東土開工符)

땅을 파거나 집수리를 하는데 이 부적을 써서 현장에 붙여놓으면 아무런 탈이 생기지 않는다.

지신은총수혜부(地神恩寵受惠符)

29 수주(竪柱) 및 상량부(上樑符)

기둥을 세우고 들보를 올릴 때 그 집안이 편하도록 하는 부적이다.

육자진언(六子眞言)

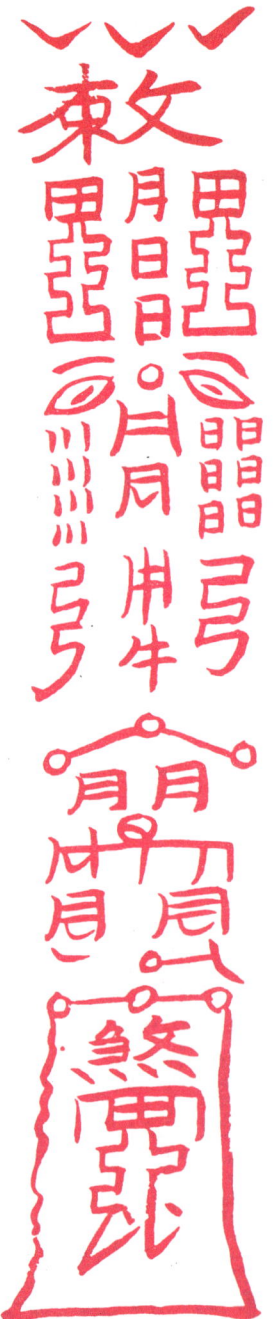

30 사충부

뱀 따위가 집안에 들어오면 성스럽지 못한 바 이 경우에는 이 부적을 써서 대문위에 붙여두면 자연히 없어진다.

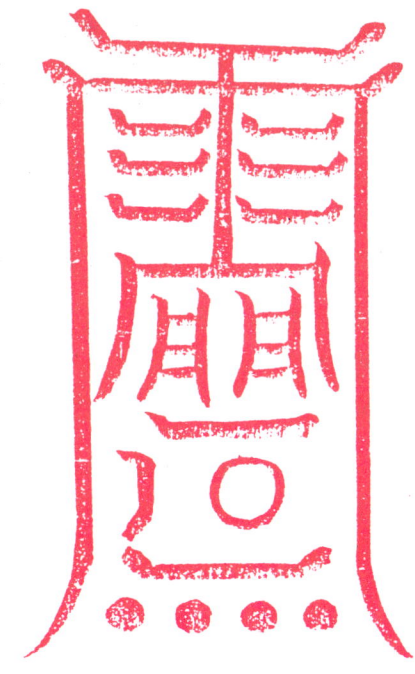

남방토신(南方土神)수혜부

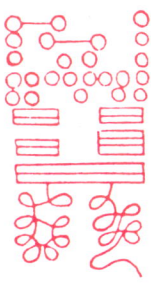

31 가축방재부(家畜防災符)

가옥내나 전답 기타 가축으로 인한 피해를 예방한다.

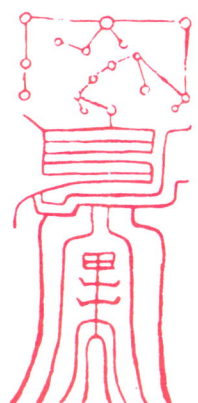

조류어류양육부(鳥類魚類養育符)

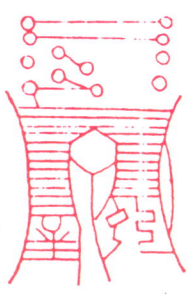

十九. 이사(移徙)

1   이사탈 소멸부

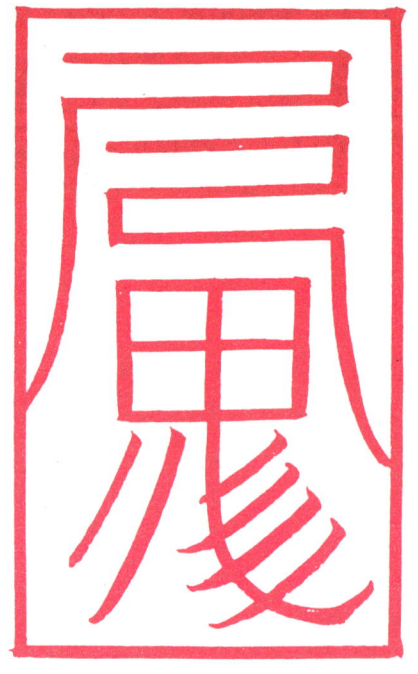

새집(新屋)이나 구옥(舊屋)을 막론하고 집을 옮겨 살려면 살(殺)을 피하여 좋은 날짜, 좋은 방위(吉方)로 가려 이사하면 아무런 탈이 생기지 않을 것이나 부득이하여 살신(殺神)을 범하게 될 경우, 또는 모르고 이미 살을 범하여 질병, 실패 관재 구설이 이를 때는 아래 부적에서 해당되는 곳을 골라 사용하면 액이 물러간다.

위 부적은 이사를 잘못하여 우환질고, 실패가 있으면 4장을 그려 사방(四方) 모서리에 붙여둔다.

2   이사평안부(移徙平安符)

①

이사를 하게 될 경우 이 부적을 써서 살던 집 지붕속에 넣어두고 옮겨가면 이사후 재수가 대통하고 우환질고가 없이 가내(家內)가 평안하다.

②
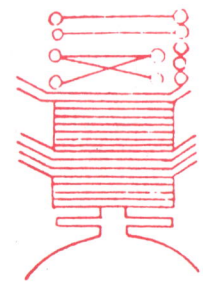

3　신옥이사부(新屋移徙符)

① 새로 집을 짓고 이사한 뒤 이 부적을 써서 내실 문 위에 붙여 두면 재앙이 침범치 않고, 가내 화평하여 여의하다.

②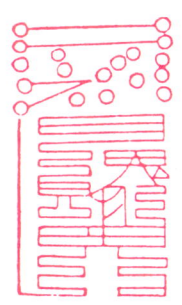

4　안손방(眼損方)이사부

안손방으로 이사하면 안질(眼疾) 손재(損財) 등의 액이 따르는데 부득이하여 이를 범하였을 때는 이 부적을 집안에 붙이라.

유전만성악병 퇴치부
(遺傳慢性惡病)

5 오귀방(五鬼方)이사부

이사방위법상 오귀방으로 이사하여 탈이 생겼거나 부득이 오귀방으로 이사하게 될 경우 이 부적을 새로 이사한 집에 붙여 두면 무사하다.

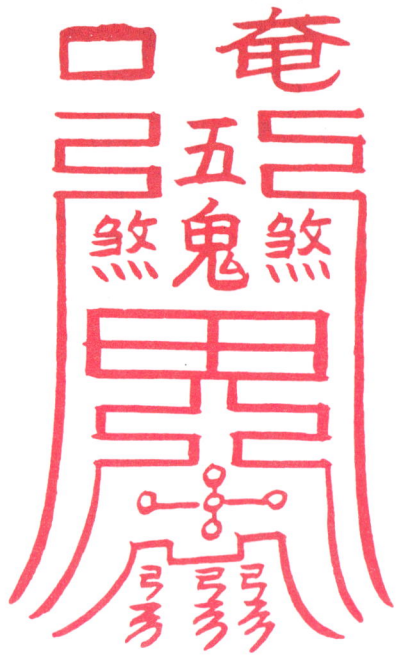

이사凶예방부(五鬼符)

오귀방위는 가장 흉한 방위이다. 이 방위로 이사하면 재해, 우환 또는 가축사육 실패 등이 발생한다. 이때는 경면주사로 부적을 작성하여 집 네귀에 묻어 두면 그 액을 면한다.

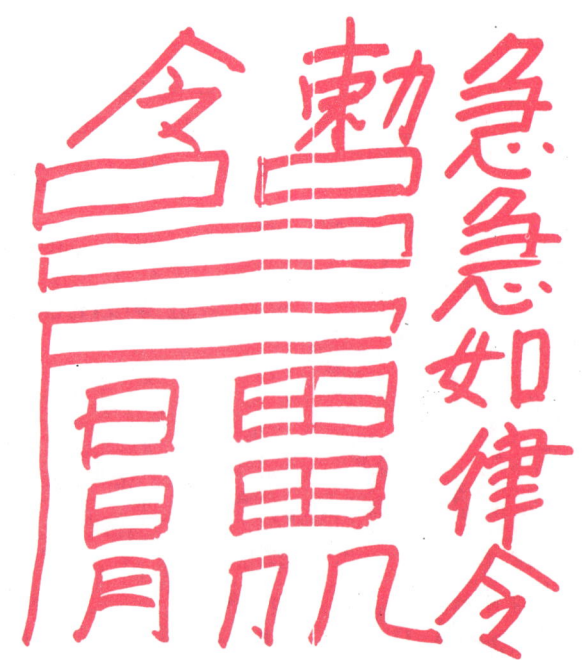

6   증파방(甑破方)이사부

증파방으로 이사하면 손재, 실패, 가정불화, 이별 등의 액이 이른다. 이미 증파방을 범하였거나 부득이 이사하려면 이 부적으로 방지하라

한발용신수호부(旱魃龍神守護符)

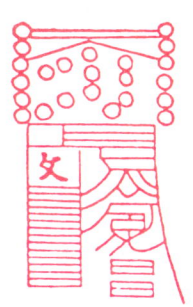

7   진귀방(進鬼方)이사부

진귀방으로 이사하면 우환질고와 손재 등의 재난이 생긴다. 부득이하여 이사할 경우는 이 부적을 써서 내실에 붙여 놓는다.

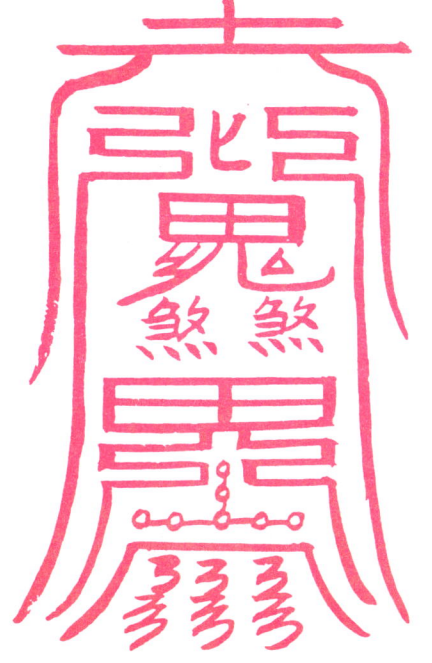

음료수(飮料水)혜택부

8 퇴식방(退食方)이사부

퇴식방으로 이사하면 재산이 모르는 사이에 차츰 줄어들고 질병도 생기는데 이사하여 탈이 생겼거나 부득이 이사하려면 이 부적으로 액을 예방하여야 한다.

횡사불의사(橫死不意死)방지부

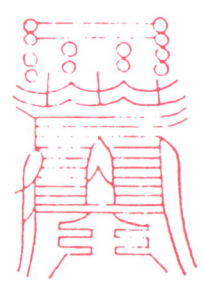

9 대장군(大將軍) 및 삼살방(三殺方)이사부

대장군방 부적은 위의 십삼항 동토부란(欄)에 있는 대장군 부적과 같이 쓰고 삼살방(三殺方) 부적은 아래와 같다.

맹수광폭(猛獸狂暴)예방부

10 삼살방위부(三殺方位符)   삼살방위부(三殺方位符)는 三殺방위로 이사했거나, 삼살방을 범하였을 경우 이 부적을 써서 집 네귀에 붙이면 가환이 미연에 방지된다.

二十. 여행(旅行)

1 원행 안전부(遠行安全符)

오랜 기간을 먼곳으로 여행하는 사람은 질병, 실물 사고(事故)의 위험도 미연(未然)에 방지해야 한다.

이 부적을 써서 몸에 지니고 출행(出行)하면 여로(旅路)가 평안하고 질병이 따르지 않으며 목적을 순조롭게 달성하고 돌아온다.

야행(夜行)안전부

2 여행대길부(旅行大吉符)

여행을 떠날 때 이 부적을 지니면 여중(旅中) 안전하고 재수 대길하다.

3 불길한 방향으로 여행하는 부

이 부적을 써서 지니고 다니면 요사(妖邪)가 침범치 않는다.

蚰蚰
空 嗯 急 如 律 令

口口口
口口口
鬼 嗯 急 如 律 令

4　교통액(交通厄)방지부

①

신수가 황액이 있다고 판단되거나 차(車) 선박(船舶) 항공기(航空機)의 사고를 미연에 방지하려면 이 부적을 지니면(운전사, 선원, 비행기 종사자도 포함) 안전하다.

②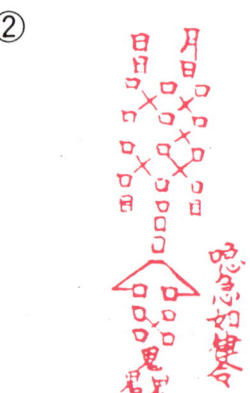

5　수륙원행부(水陸遠行符)

①

이 부적을 지니고 다니면 강도, 뱀, 맹수의 침입을 받지 않으며 해상여행중에도 풍파(風波)를 만나지 않고 안전한 여행을 한다.

②

6 험로안전부(險路安全符)

등산(登山)을 하거나 험한길, 또는 위험한 길을 걷게 될 경우 이 부적을 지니면 위태로움을 면하고 일신이 안전하다.

①

②

7 노상횡액(路上橫厄) 예방부

운명학적(運命學的)인 감정에 의하여 노상횡액(路上橫厄)이 있다고 판단되거나, 또는 수륙만리(水陸萬里)로 여행을 하게 될 경우, 또는 해상(海上)에서 종사하는 사람, 비행기 조종사 및 안내양, 기차 기관사, 자동차 운전사(안내양 포함), 그리고 육로(陸路), 수로(水路), 항공(航空) 막론하고 자주 여행하는 사람은 이 부적을 써서 몸에 지니면 교통사고(차량, 선박, 항공기사고)를 당하지 않는다고 한다.

8 　　교통사고예방부(鎭軏神符)　　　교통사고방지부(鎭軏神符)란 부적을 항상 몸에 간직하고 다니면 교통사고를 미연에 방지하며 특히 운수업을 하는 사람에게는 더욱 吉하다.

해양업에 종사하는 사람 역시 吉해진다.

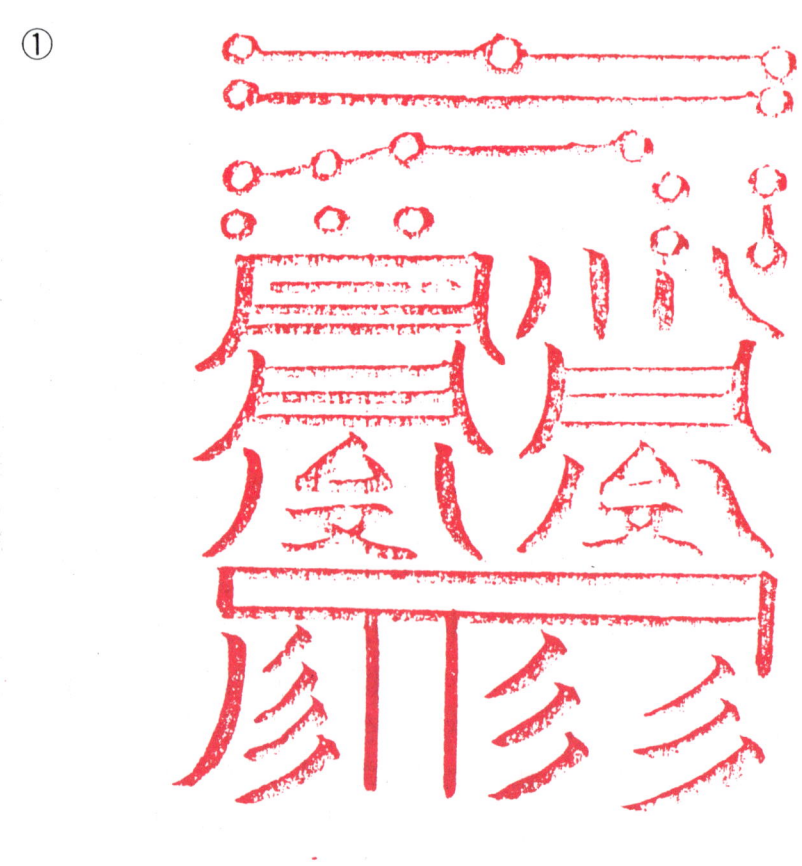

9 사고방지안전부(事故防止安全符)

교통사고방지부란 부적은 흉악한 사고를 미연에 방지하는 부적으로써 교통사고 타인과 사비 또는 낙상(높은 곳에서 추락) 등을 방지하는 부적이다.

이때 경면주사로 작성하여 몸에 간직하고 다니면 미연에 방지된다. 반드시 승신부 1매와 같이 지니면 더욱 안전하다.

항해(航海)안전부

광산(鑛山)안전부

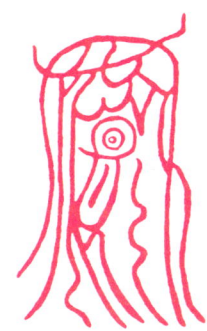

二十一. 신앙 영혼(信仰 靈魂)

1 위인염불부(爲人念佛符)

이는 자기(自己) 아닌 남(他人 —부모 처자 형제 자매도 이에 속함)을 위하여 염불 또는 불공(佛供)을 드릴 때 이 부적을 써서 몸에 지니거나 정결한 곳에 붙여두면 불심(佛心)의 감응(感應)이 속(速)하다는 것이다.

2 부처님의 공덕을 구하는 부

이 부적을 봉안(奉安)하고 마음에 드는(자기가 원하는) 불경(佛經)을 외우면 부처님의 공덕(功德)이 있게 된다는 것이다.

3   멸죄성불부(滅罪成佛符)

이 부적을 봉안하거나 몸에 지니고 불도(佛道)를 닦으면 지은 죄가 소멸하고 쉽게 불도를 통하게 된다는 것이다.

4   모든 죄(罪)를 소멸해 달라는 부

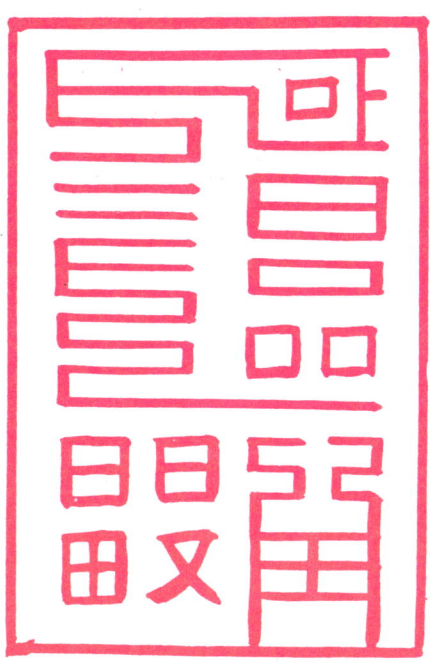

사람은 누구를 막론하고 죄가 없는 사람은 하나도 없고 다만 그 죄의 크고 작음과 많고 적음과 경중(輕重)의 차이가 있을 뿐이다. 이 부적을 써서 봉안하고 참회하고 멸죄경(滅罪經)을 읽으면 모든 죄가 소멸된다.

5　정토왕생부(淨土往生符)

죽은이의 몸에 지녀주면 정토에 다시 탄생한다고 함

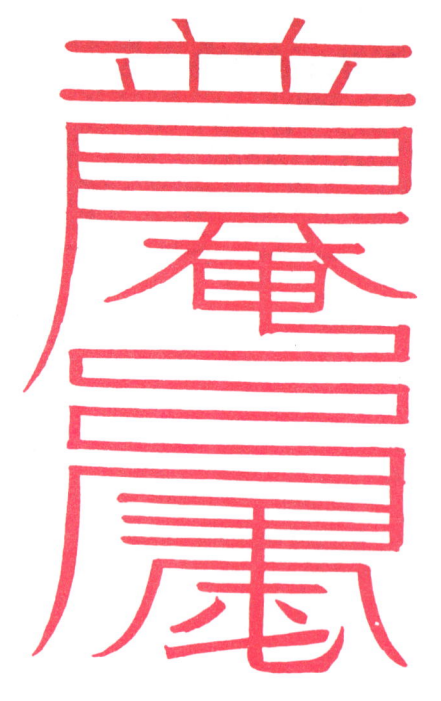

6　지옥(地獄)을 벗어나게 하는 부

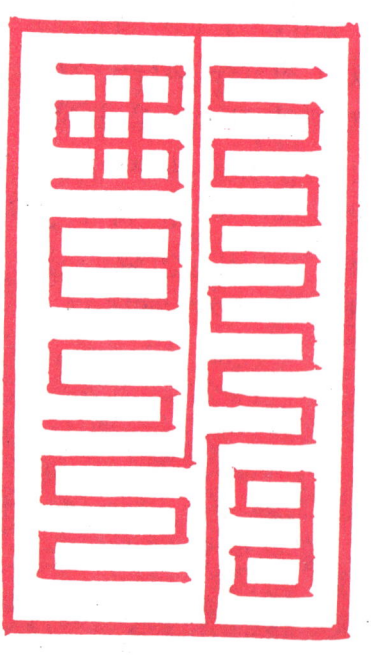

이 부적을 주사(朱砂)로 써서 죽은 사람의 몸에 지녀주면 그 영혼이 지옥을 벗어나 극락(極樂)으로 간다는 것이다.

7 지옥을 파하고 정토에 나오는 부적(破地獄生淨土符)

①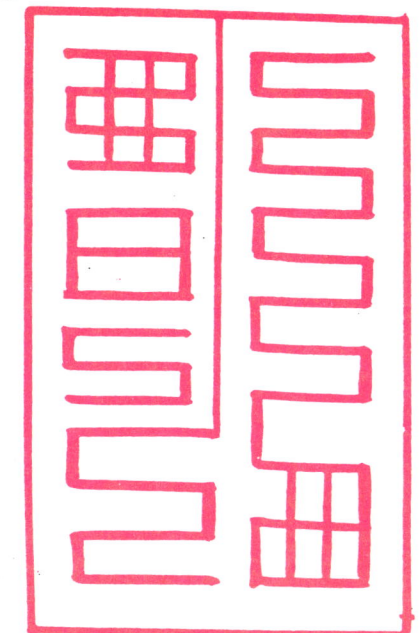

사람이 죽은 뒤는 가장 두려운 것이 지옥이다. 그러므로 누구나 지옥을 가지 말아야 하는데 죄를 너무 많이 지으면 지옥에 들어간다고 한다.

이 부적을 써서 항시 지니고 있으면 죽은 뒤에 지옥에 들어가지 않고 정토에 다시 나온다고 한다.

②

8 선인부(仙人符)

선인부(仙人符)는 道를 닦는 사람이 이 부적을 지니고 있으면 쉽게 「도」를 통하게 된다.

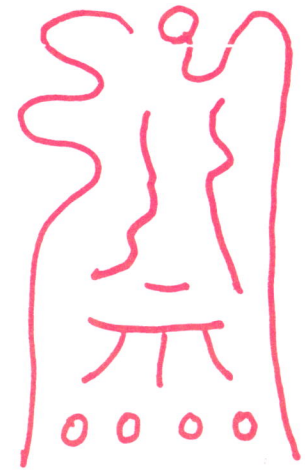

9 영생정토부(靈生淨土符)

영혼(靈魂)이 정토(淨土)에 생(生)하라는 부적이다.

이 부적을 봉안(奉安)하고 사후(死後)의 영혼을 위하여 기도하거나 살았을 적에 항시 몸에 지니거나, 죽은 사람의 몸속에 지녀주면 영혼이 지옥에 들어가지 않고 정토(淨土)에 나온다는 것이다.

①
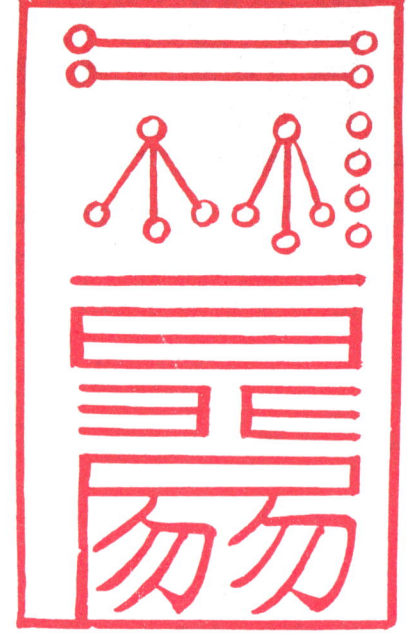

②
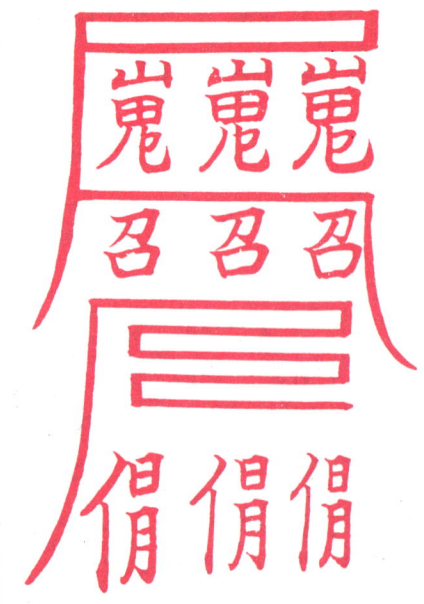

10 공덕부(功德符)

공덕부(功德符)란 부적을 써서 정성스럽게 모시고 있으면 부귀하여지며 죽어서도 좋은 곳으로 간다는 부적이다.

二十二. 장사(葬事)

●분묘개수부(墳墓改修符)

① 일을 시작하기 전 비바람 등으로 분묘가 파손되어 있을 때 이 부적을 써서 땅에 묻는다.

② 일을 끝마치고 부적을 써서 땅에 묻는다.

③ 산소 봉분(封墳)할 때

2 중상중복(重喪重復)예방부

장사(葬事―初喪埋葬·移葬·修墳·莎草·立碑一切)를 지내는데 있어서는 중상일(中喪日)·중일(重日)·복일(復日)을 범하면 중상(重喪―거듭 초상이 나는 것) 또는 중복(重復―거듭 복을 입는 것)수가 있다고 한다. 부득이하여 중상일이나 중복일에 장사를 지내게 되는 경우 또는 초상을 치른 뒤 한 집안에 거듭 초상, 거듭 복제수를 예방하려는 경우는 이 부적을 七벌 작성하여 한벌은 대문 문지방 밑에 묻고 한벌은 상주(喪主)의 벼게속에 넣어 베고 자고 나머지 다섯벌은 매일 한장씩 상주가 복용(물에 태워)한다.

3 상부정(喪不淨)예방부

① 초상(初喪)집에 갈 때 몸에 지니면 길하다.

佛勅令哭哭天罡神符一道下來收斬凶神惡煞喪車雌雄煞罡

② 상여(喪輿)뒤를 따라갈 때 몸에 지니면 탈이 없다.

佛勅下 天罡符一道神符一道雌雄 收斬 喪事 死煞 罡

4 광중을 편안케 하는 부적   5 장사완료부(葬事完了符)

초상시(初喪時)나 이장(移葬) 수분(修墳)을 막론하고 관중에 넣어준다.

장사를 끝마치고 재사를 지낼 때 사용한다.

6 삼살진압부(三殺鎭壓符)

초상 이장을 막론하고 삼살(劫殺・災殺・天殺)을 범하면 손재 사상(死傷), 질병 등의 재난이 있다. 이 삼살을 모르고 범하거나 알고도 부득이하여 범하게 될 때 봉숭아나무 二尺寸 앞에 붙이고 구천현녀주문(九天玄女呪文)을 외우면 삼살이 진압된다.

三殺 申子辰年 巳午未(南)方
　　　巳酉丑年 寅卯辰(東)方
　　　寅午戌年 亥子丑(北)方
　　　亥卯未年 申酉戌(西)方

7 장사지낸 뒤 부치는 부적

장사지낸 후 사용하는 符란 장사지낸 뒤 관구에 나비나 날짐승이 생기면 집안에 재운이 생긴다고 하는데 이때 이 부적을 써서 기도하며 불태워 버리면 凶한 것이 사라진다.

8 매아부(埋兒符)

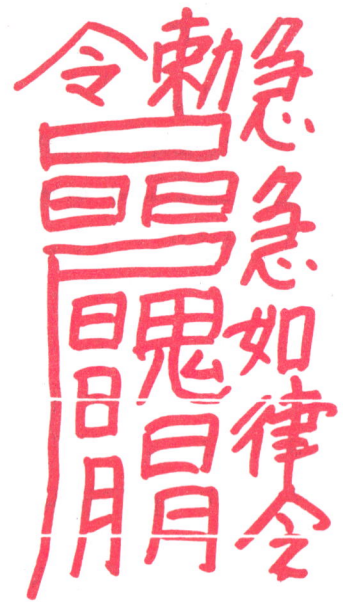

어린이가 사망하여 매장한 뒤 탈이 나는 경우가 있다. 이 때는 집안에 우환이 계속 발생하는데 경면주사로 이 부적 2장을 써서 묘 앞뒤에 묻으면 무사해진다.

출세방해(出世妨害)퇴치부

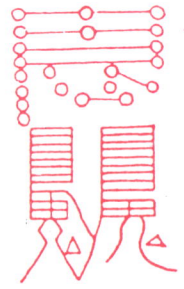

9 조문·문병(弔問·問病)

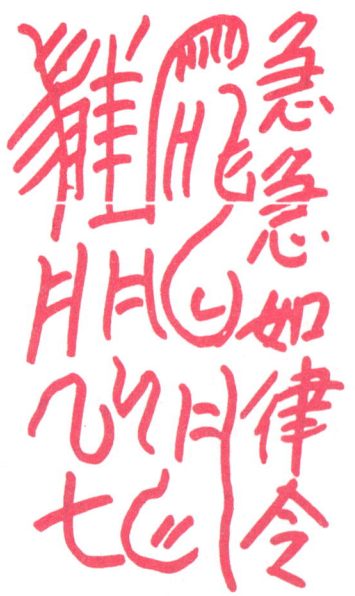

상가집, 문병, 장거리 여행 등을 할 때 이 부적을 몸에 간직하고 다니면 우환을 방지할 수 있다. 반드시 경면주사로 써야 한다.

고묘발복(古墓發福)축원부

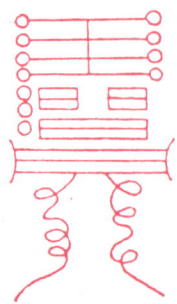

10　조객예방부(喪門弔客符)

상가집을 다녀오던가 장사지내는 것 또는 상제를 보았을 때 상문살이 침범함 집안에 우환이 생기는데 이때 경면주사로 부적 2장을 써서 1장을 불에 태워먹고 1장은 몸에 가지고 다니면 그 액을 면한다.

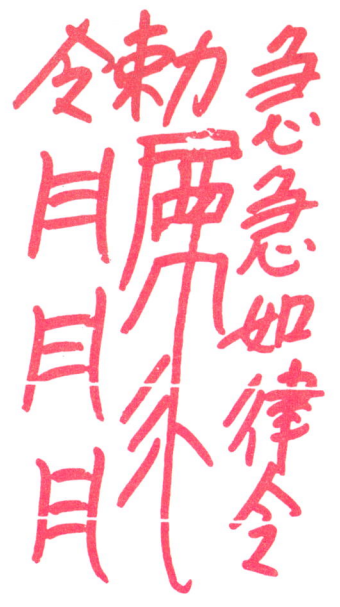

11　상문・조객(喪門・弔客殺)

상문・조객살은 다음과 같다.
〈年支〉子 丑 寅 卯 辰 巳 午 未 申 酉 戌 亥
상문(喪門) 寅 卯 辰 巳 午 未 申 酉 戌 亥 子 丑
조객(弔客) 戌 亥 子 丑 寅 卯 辰 巳 午 未 申 酉

사주에 상문 혹은 조객살이 있거나 상문 조객방을 범하면 우환 질고가 따르고 심할 경우 집안에 상패(喪敗)수가 생기는 것이니 위의 부적을 사용하여 이 살을 방지하여야 된다.

12 묘탈제거부(墓頉除去符)

매장(埋葬—초상때), 이장(移葬—면례), 개장(改葬—修墳), 사초(莎草) 등의 산소에 관한 일을 끝마친 뒤 집안에 우환질고(질병 손재 불화 형액 구설 변상 살상 등의 흉액)가 발생하면 이는 산소탈이 생긴 징조이니 이 부적을 봉안하고 분향기도(焚香祈禱)하면 길하다.

①

②

사형집행내세축원부
(死刑執行來世祝願符)

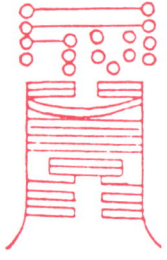

二十三. 꿈(夢)

1 흉몽(凶夢)을 물리치는 부

꿈이 흉몽 또는 악몽이라 생각되거든 해돋기전 일어나 아무말 말고 깨끗한 냉수(淨寒水)를 입에 물고

동쪽 해돋이를 향하여 뿜고 나서 다음과 같은 주문(呪文)을 세번 혹은 일곱번 외운 다음 부적을 태워 마신다.

○주문(呪文)

① 혁혁양양 일출동방 차부단겁악몽 발제불상 급급여률령(赫赫陽陽 日出東方 此符斷劫惡夢 拔除不祥 急急如律令)

② 악몽착초목 희몽성주옥(惡夢着草木 喜夢成珠玉)

일가번영(一家繁榮)축원부

2 길몽부

길몽을 청하는 방법인데 꿈이 길하면 만사가 길하다는 것이다. 이 부적을 써서 베게속에 넣고자면 상스러운 꿈을 꾼다. 고로 길몽이 된다.

가족사용인(家族使用人)
불행예방부

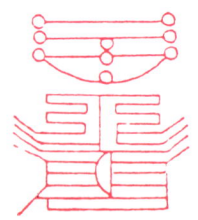

3 흉몽퇴치부(惡鬼不侵符)

꿈을 꿀 때마다 흉한 꿈을 꾸어 생사에도 마음이 조급하고 불안하며 안정되지 않아 모든 일에 의욕을 상실하였을 시에 이 부적을 경면주사로 써서 내실 문위에 붙이면 유효하다.

중앙토신(中央土神)축원부

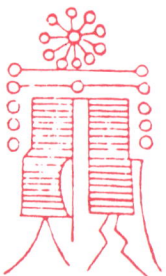

4 악몽(惡夢)을 꾸었을 때

악몽을 꾸었을 때 이 부적을 써서 몸에 지니면 악몽으로 인한 우환질고 등 상서롭지 못한 일이 발생하지 않는다.

동방토신(東方土神)축원부

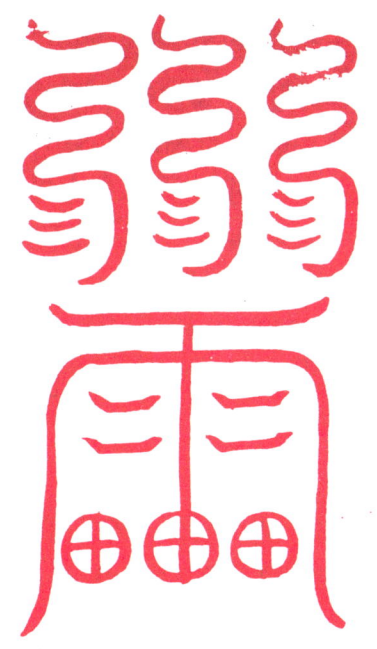

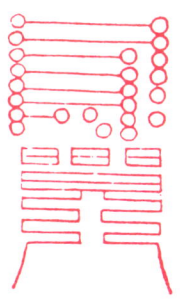

5 흉몽(凶夢)을 길몽(吉夢)으로

악몽을 꾸었을 때는 일직 일어나 말하지 말고, 냉수를 내 뿜으며 위의 주문을 외운 뒤 다음의 부적글씨를 손바닥에 쓴다(남자는 왼손에 여자는 오른손에 쓴다)

서방토신(西方土神)축원부

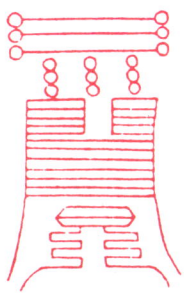

二十四. 사주관살(四柱關殺)

1 살(殺)을 제거시키는 부적

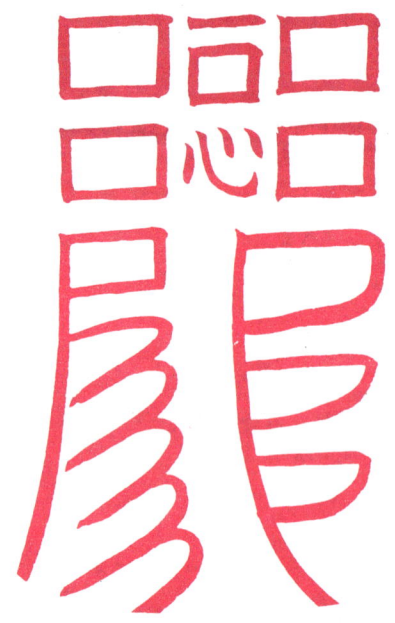

2 상충살예방부(抹頭符)

관살(關殺)이란 사주학상(四柱學上) 표출된 신살(神殺) 즉 흉신(凶神)을 말하는데 그 살의 종류에 따라 관재(官災), 구설(口舌), 손재(損財), 손명(損命), 질병(疾病), 불구(不具), 이별(離別), 횡액(橫厄) 등을 당하는 것이니 자세히 살펴 관살이 있으면 퇴치시켜야 일생 평안히 지낼 것이다.

위 부적은 어떠한 종류의 흉살(凶殺)을 막론하고 제거시키는 부적으로 한장은 태워마시고 한장은 몸에 지닌다.

상충살예방부(抹頭符)는 남자나 여자가 상충살이 四柱에 있거나 신수에 살이 들어오면 사업을 하여도 풍파가 많으며 모든 일이 잘 되지 않는다. 이때 경면주사로 써서 당사자의 몸에 지니고 다니면 살을 면한다.

3 압살부(押殺符)

사주학상으로 흉살(凶殺)이 있거나, 동토, 수리, 혼인, 이사 등 생활면에 있어 부정(不淨)으로 인하여 살(殺)을 범한 경우 등, 모든 흉신의 작용력(作用力)을 제압(制壓)하는 부적이다.

①

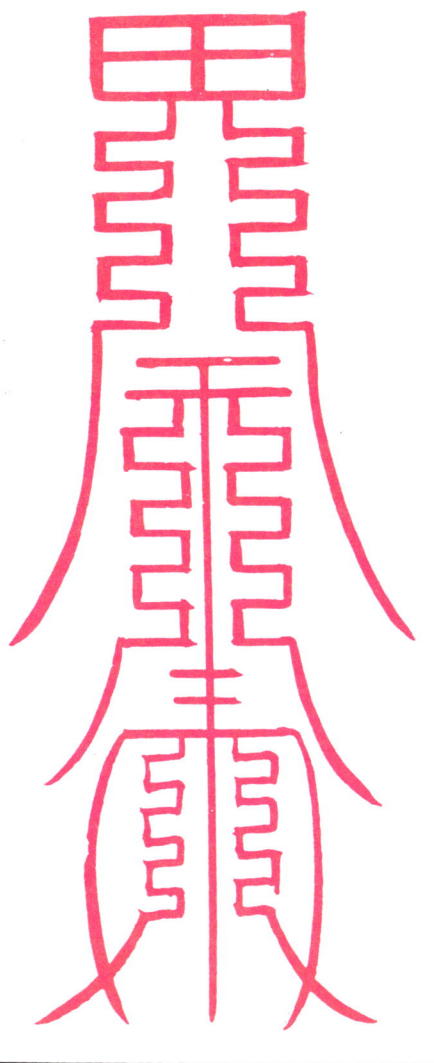

②

4 흉살진압부(凶殺鎭壓符)

집안에 흉살이 침범하여 우환질고(憂患疾苦), 관재(官災), 구설(口舌), 송사(訟事), 손재(損財), 사상(死傷) 등의 흉변이 일어날 경우 이 부적을 써서 집안에 붙여두면 흉살을 진압하고 집안이 태평하게 된다.

①

②

5 화개살(華蓋殺)

화개살이 있으면 남자는 호음호색(好飮好色)하고 풍류문장(風流文章)이나 여자는 화개가 있고 역마(驛馬)나 지살(地殺)을 만나면 화류계(花柳界)가 되기 쉽다. 이 부적을 써서 몸에 지니면 위에 말한 작용력이 예방된다.

　화개(華蓋)
　申子辰年生　辰(年月日時)
　巳酉丑年生　丑(年月日時)
　寅午戌年生　戌(年月日時)
　亥卯未年生　未(年月日時)

6 도화살(桃花殺)

도화살은 목욕(沐浴) 또는 함지살(咸池殺)이라 한다.

도화살이 사주(四柱)에 있으면 남자는 여난(女難)이 있고 여자는 다음(多淫)하거나 심하면 여러 사람의 아내노릇할 염려가 있다. 그러므로 이 살을 방지해야 하는데 이 부적을 써서 삼년간 몸에 지니면 도화살이 해소된다.

　도화살
　申子辰生－酉(年月日時)
　巳酉丑生－午(年月日時)
　寅午戌生－卯(年月日時)
　亥卯未生－子(年月日時)

7 겁살(劫殺)

申子辰生－巳　巳酉丑生－寅
寅午戌生－亥　亥卯未生－申
이상과 같은 겁살이 있으면 질병은 손재의 액이 있다. 이 부적으로 예방하라.

북방토신수혜부
(北方土神受惠符)

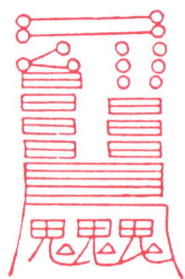

8 지살(地殺)

申子辰年生－申
巳酉丑年生－巳
寅午戌年生－寅
亥卯未年生－亥
지살이 있으면 항시 분주하고 노상횡액이 있는데 이 부적을 삼년간 몸에 지니면 이러한 액이 소멸된다.

9 망신살(亡身殺)

申子辰年生 — 亥
巳酉丑年生 — 申
寅午戌年生 — 巳
亥卯未年生 — 寅

망신살이 있으면 이 부적을 매년 한장씩 삼년간 지니고 있으면 망신살이 해소된다.

10 월살(月殺)

申子辰年生 — 戌
巳酉丑年生 — 未
寅午戌年生 — 辰
亥卯未年生 — 丑

사주에 월살이 놓이면 실패, 손재 등이 따르는데 이 부적을 일년만 지니면 이 살이 소멸된다.

11 백호대살부(白虎大殺符)

①

四柱中에 이 살이 있으면 장수하지 못하며 부모와 같이 있으면 풍파와 질병으로 생명을 단축하는 살인데 이 때는 객지생활을 하면 간혹 이살을 면하는 경우도 있으나 꼭 이 부적을 경면주사를 진하게 하여 작성하고 숭신부 一매와 같이 몸에 지니고 다니면 그 액을 면한다.

一·七月生이 柱中에 巳·亥가 있으면

二·八月生이 柱中에 卯·酉가 있으면

四·十月生이 柱中에 寅·申이 있으면

五·十一月生이 柱中에 丑·未가 있으면

六·十二月生이 柱中에 子·午가 있으면 사주흉살이 된다.

②

12 사주흉살(四柱凶殺)

四柱中에 이 살이 있으면 장수하지 못하며 부모와 같이 있으면 풍파와 질병으로 생명을 단축하는 살인데

一·七月生이 柱中에 巳·亥가 있으면

二·八月生이 柱中에 卯·酉가 있으면

四·十月生이 柱中에 寅·申이 있으면

五·十一月生이 柱中에 丑·未가 있으면

六·十二月生이 柱中에 子·午이가 있으면 사주흉살이 된다.

13 사계살(四季殺)

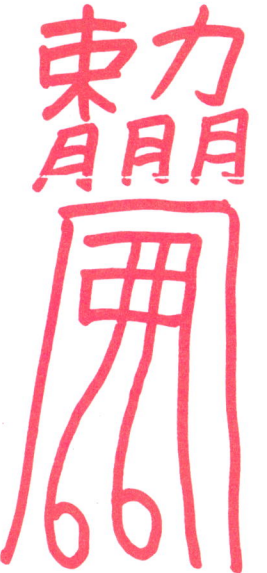

사계살(四季殺) 四柱中에 사계살이 있으면 집안이 어수선하고 질병이 떠날줄 모르는 살인데, 사계부 一매 숭신부 一매를 매년 교환하여 몸에 지니고 다니면 질병이 물러가고 가정이 안정된다.

正, 二, 三月生이 柱中에 巳丑이 있으면,

四, 五, 六月生이 柱中에 辰申이 있으면,

七, 八, 九月生이 柱中에 亥未가 있으면,

十, 十一, 十二月生이 柱中에 寅戌이 있으면 사계살이 된다.

14 백호대살(白虎大殺)

사주에 백호대살이 있으면 이 부적 두장을 써서 몸 좌우에 한 장씩 지니면 살이 해소된다.

甲辰, 戊辰, 丙戌, 丁丑, 癸丑, 乙未가 四柱中 어디에 있으나 백호살이 되는데, 가령 日柱에 있으면 부부가 惡死하고, 時中에 있으면, 子孫이 해당되고, 年柱에 있으면 조상이 吉凶事가 발생하며 月柱에 있으면 부모 형제에게 액이 이른다.

15 양인살(羊刃殺)

이 부적을 지니고 있으면 양인살로 인한 액이 해소된다.

甲日卯, 乙日辰, 丙戊日午, 丁巳日未, 庚日酉, 辛日戌, 壬日子, 癸日丑 (以上은 日干爲主)

16 원진살(怨嗔殺)

원진살은 다음과 같다.

子-未 丑-午 寅-酉 卯-申 辰-亥 巳-戌

사주(四柱)에 원진살이 놓이면 육친(六親)과 이별수가 있고 대인관계에 인덕이 없다. 특히 이 원진살이 부부궁합(夫婦宮合)에서 만나면 생이사별(生離死別)수가 있거니 부부 불화하다. 위의 부적을 써서 몸에 지니면 이 원진살이 해소된다.

원진살예방부(怨嗔殺豫防符)

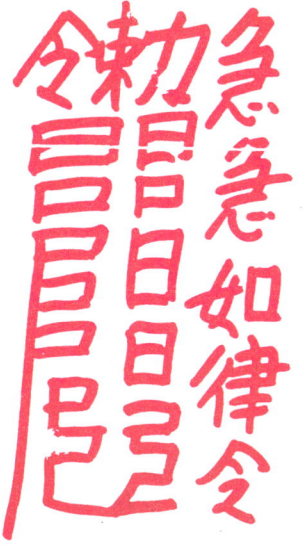

원진살예방부는 四柱에 원진살이 있던가 부부간. 또는 신수에 원진이 들어오면 경면주사로 부적을 써서 당사자의 몸에 가직하고 다니면 그 액을 면한다. 단 숭신부를 꼭 같이 지니면 더욱 효력을 발생한다. (子-未, 丑-午, 寅-酉, 卯-申, 辰-亥, 巳-戌)

17 호리살부(狐狸殺符)

호리살 또는 원진살(狐狸殺符)이라고 하는데 사주 또는 매년 신수에 원진살이 오면 하고져하는 일이 뜻대로 되지 않고 부부가 이별하게 되며, 직장인은 직장을 버리게 되는 아주 凶한 살이다. 이 원진살은 子=未, 丑=午, 寅=酉, 卯=申, 辰=亥, 巳=戌이 되면 원진살이 된다. 즉 年支가 未가 되고 月日時中에 子가 있으면 항상 불평 불만이 떠날줄을 모르고 子가 未를 원수로 만드는 凶살이 된다. 이런 때에는 호리살부를 이별수에 해당되는 사람에게 경면주사로 써서 당사자의 몸에 항상 가지고 다니면 이 살을 면하게 된다. 이 경우 역시 숭신부와 후연부를 같이 지니고 다니면 길하게 된다.

18 삼형·육해살(三刑·六害 殺)

삼형살과 육해살이 드는 사주는 다음과 같다.

삼형(三刑)＝子日卯, 丑日戌未, 寅日巳申, 卯日子, 辰日辰, 巳日寅申, 午日午, 未日丑戌, 申日寅巳, 酉日酉, 戌日丑未, 亥日亥

육해(六害)＝子丑日未, 寅日巳, 卯日辰, 辰日卯, 巳日寅, 未日子, 申日亥, 酉日戌, 戌日酉, 亥日申

삼형육해부(三刑六害符)는 四柱나 신수에 삼형, 육해살이 있으면 관재구설, 자살 등으로 가사가 불길하게 된다. 이 때는 경면주사로 부적을 써서 내실문 위에 붙이던가 몸에 간직하면 그 액을 면한다.

삼형육해살부(三刑六害殺符)

삼형 및 육해살(三刑 및 六害殺) 四柱에 삼형·육해살이 있으면 시비, 구설, 소송 등 관재구설이 떠날줄을 모른다. 이 때는 이 부적 一매, 관재예방부 一매, 승신부 一매, 재수대통부 一매를 경면주사로 써서 항상 몸에 지니고 다니면 그 액을 면한다.

삼형살이란 四柱中에 寅巳申·丑戌未·子卯·辰辰·午午·酉酉·亥亥가 있으면 三刑殺 또는 自刑殺도 된다.

六害殺이란 四柱中에 子一未, 丑一午, 寅一巳, 卯一辰, 巳一寅, 酉一戌, 申一亥가 되면 육해살이 된다.

19 오귀살(五鬼殺)

申子辰生 — 酉戌
巳酉丑生 — 丑午
寅午戌生 — 卯辰
亥卯未生 — 子丑

오귀살이 범하면 우환질고, 공방(空房)의 액이 있으니 이 부적을 지니면 살의 작용이 해소된다.

20 매아살(埋兒殺)

子午卯酉日 — 丑
辰戌丑未日 — 卯
寅申巳亥日 — 申

매아살이란 자녀를 낳아 기르다가 실패한다는 살인데 이 부적을 매년 한번씩 태워 마시면 길하다.

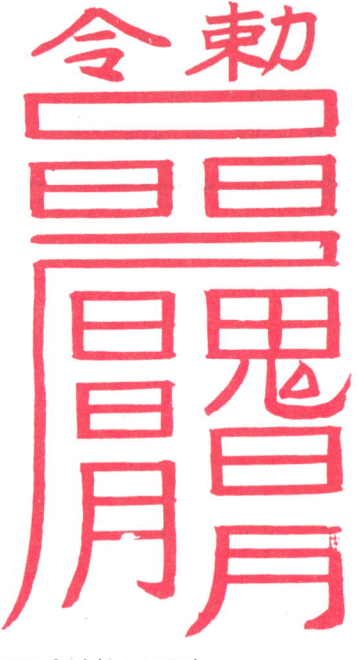

21 투하살(投河殺)

사주학적 판단에 의하여 투하(投河—물에 빠지는 것)의 액이 있거든 액운이 드는 해에 이 부적을 써서 몸에 지니면 무사하다.

22 현량살(懸梁殺)

사주 판단에 의하여 목매어 자결할 수가 있거든 액운이 드는 해에 이 부적을 써서 몸에 지니면 이러한 흉액을 면할 수 있다.

관부살(官符殺)

이 살이 있으면 일생 형액(刑厄)과 구설시비(口舌是非)가 따르니 이 부적을 일년에 한장씩 삼년간 지니면 살이 풀린다.

子生辰 丑生巳 寅生午 卯生未
辰生申 巳生酉 午生戌 未生亥
申生子 酉生丑 戌生寅 亥生卯

24 칠살(七殺)

사주에 칠살이 많으면 질병과 관재구설이 따르고 또는 고독하고 단명하다. 이 부적을 써서 봉안하고 부처님께 기도하라

甲日庚 乙日辛 丙日壬 丁日癸
戊日甲 己日乙 庚日丙 辛日丁
壬日戊 癸日己

25 역마살부・주도살

주도살(走跳殺) 또는 역마살(驛馬殺)이라고 하는데 四柱에 이 살이 있으면 집에 있지 않고 집을 나간다. 이 살은 남자에게는 큰 문제가 되지 않으나 여자에게는 문제가 있다.

四柱에
申子辰日生이 寅이 있으면
巳酉丑日生이 亥가 있으면
寅午戌日生이 申이 있으면
亥卯未日生이 巳가 있으면
주도살 또는 역마살에 해당된다.

26 태음살(太陰殺)

사주에 태음살이 있으면 겁이 많고 소극적이며 여난(女難)에 빠져 곤경을 당하기 쉬우니 이 부적을 써서 매달 二十六日 밤에 서쪽 태음성군을 향하여 절하고 축원한 뒤 이 부적을 태워 버린다.

태음살(太陰殺) 亥 子 丑 寅 卯
　　　　年　　　子 丑 寅 卯 辰

辰 巳 午 未 申 酉 戌
巳 午 未 申 酉 戌 亥

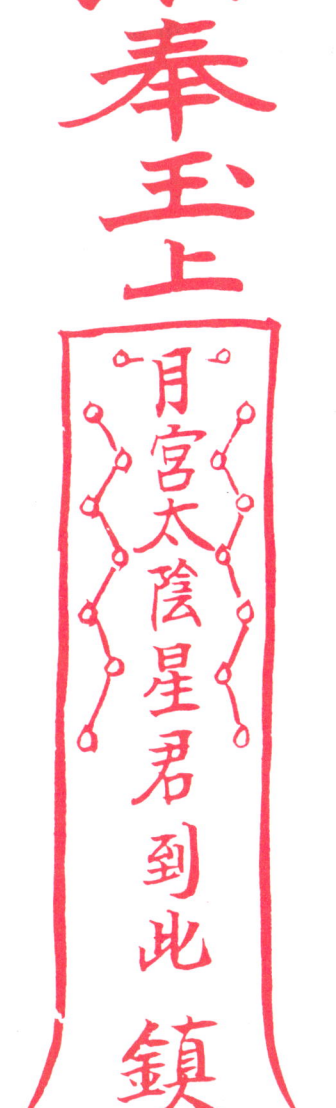

산신수신보호부(山神水神保護符)

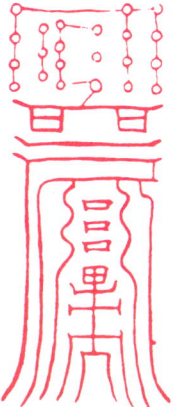

27 병부살(病符殺)

병부성(病符星)은 질병을 주관(主管)하는 흉신이다. 그러므로 사주에 병부살을 범하면 일생 잔병이 많은데 이 부적을 써서 일년간 지녔다가 약대릴 때 태워서 같이 복용하라. 병부살은 다음과 같다.

子生亥 丑生子 寅生丑 卯生寅 辰生卯 巳生辰

午生巳 未生午 申生未 酉生申 戌生酉 亥生子

저주악심사념진정부
(詛呪惡心邪念鎭定符)

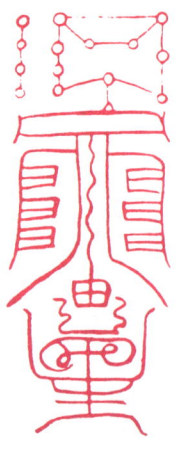

28 사부살(死符)

사주에 사부살이 있는 사람은 농작물 또는 가축(家畜)이 성(盛)하지 않고 무단한 구설이 많다. 이 살을 막는 법은 이 부적을 써서 몸에 지녔다가(一년) 불살라 버리다. 사부살은 다음과 같다.

子生巳 丑生午 寅生未 卯生申 辰生酉 巳生戌

午生亥 未生子 申生丑 酉生寅 戌生卯 亥生辰

식중독복통(食中毒腹痛) 치료부

二十五. 소아관살(小兒關殺)

1 야제관살(夜啼關殺)

소아(小兒)란 출생후 十세전을 말하는데, 사람이 출생하면 여러 가지의 액이 이르는 경우가 많다. 사주학상 신살법(神殺法)으로 소아관살(小兒關殺)에 의한 것이라 한다.

이 살이 사주에 있으면 어린이가 밤만 되면 울고 보챈다.

子午卯酉日＝未
寅申巳亥日＝未
辰戌丑未日＝寅酉

위의 부적을 그려 불살라 먹이라.

2 계비관(鷄飛關殺)

어린이 사주에 계비관살이 있거든(夜時生은 무관) 출생후 삼일전은 온 집안 식구가 가축 등을 살생하지 말아야지 그렇지 않으면 十세전은 기르기 어렵다. 모르고 살생하였거나 부득이하여 이를 범했을 때는 이 부적으로 액을 막으라. 계비관살은 다음과 같다.

甲己日＝巳酉丑
乙丙日＝子
丁戊日＝子
庚一日＝亥卯未
辛壬癸＝寅午戌

3 욕분관(浴盆關)

욕분관살이 있는 어린이는 출생후 사흘동안은 목욕시키지 말아야 한다. 모르고 목욕시켰을 경우는 반드시 이 부적을 써서 어린이 몸에 지녀주면 액을 면한다. 욕분관살은 다음과 같다.

正二三月生－辰
四五六月生－未
七八九月生－戌
十十一十二月生－丑

4 백일관(百日關)

백일관살은 출생일부터 백일째 되는날 액을 당한다는 살인데 이 살이 있거든 백일날에 어린이를 절대 문밖에 내놓지 말고 이 부적을 써서 지녀주면 무사하다. 백일관살은 다음과 같다.

寅申巳亥月－辰戌丑未
子午卯酉月－寅申巳亥
辰戌丑未月－子午卯酉

5 천일관(千日關)

어린이 사주에 천일관살이 있으면 그 어머니는 어린이가 천날(千日)이 되기 전에는 숫돌에 칼을 갈거나 멧돌을 갈지 말아야 한다. 이를 모르고 범하였을 경우 이 부적을 써서 어린이 몸에 지녀주면 천일관살에 의한 액을 면한다. 천일관살은 다음과 같다.

　甲乙日生－辰午
　丙丁日生－申
　戊己日生－巳
　庚辛日生－寅
　壬癸日生－丑亥

6 단명관(短命關)

단명관살은 명이 짧다는 살이다. 어린이의 사주를 보아 이 살이 있거든 곧 길일(吉日)을 가린 뒤 아래의 부적을 써서 봉안(奉安)해 놓고 수명을 빌은 다음 떼어서 어린이 몸에 지녀주면 명이 길어지리라. 단명관살은 아래와 같다.

　申子辰日－巳時
　巳酉丑日－寅時
　寅午戌日－辰時
　亥卯未日－未時

7 낙정관(落井關)

낙정관살이란 우물에 빠진다는 살이니 어린이 사주에 이 살이 있거든 이 부적을 써서 몸에 지녀주고, 특히 우물근처에 못 가도록 해야 되며 뿐만 아니라 물가나 배타는 것, 강 건느는 것을 삼가시켜야 한다. 낙정관살은 다음과 같다.

　甲己日＝巳月日時
　乙庚日＝子月日時
　丙辛日＝申月日時
　丁壬日＝戌月日時
　戊癸日＝卯月日時

8 수화관(水火關)

수화관살이 사주에 있으면 물이나 불, 또는 끓는 물, 끓는 기름에 상할 수가 있다는 것이니 이 관살이 있는 어린이의 부모는 이를 각별히 주의해야 하며 이 부적을 써서 예방하여야 한다.

이 관살이 드는 사주는 다음과 같다.

　正二三月生－未戌時
　四五六月生－丑辰時
　七八九月生－丑戌時
　十十一十二月生－辰未時

9 심수관(深水關)

어린이 사주에 심수관살이 있거든 우선 아래의 부적을 써서 관살을 예방시킨 다음 어린이나 그 부모는 청명(淸明)과 칠석(七夕)제사에는 참석하지 않으면 아무런 탈이 생기지 않고 평안하다. 심수관을 예방하는 부적과 심수관살은 다음과 같다.

正二三月生－寅申時
四五六月生－未時
七八九月生－酉時
十十一十二月生－丑時

10 오귀관(五鬼關)

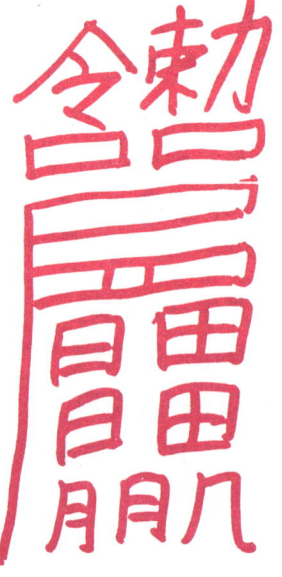

오귀관살이 사주에 있으면 어려서 질병이 많고 야윈다. 어린이 사주에 이 살이 있거든 아래 부적을 써서 때때로 지녀주고, 무덤, 빈집 또는 음산한 곳에 가서 놀지 말도록 해야 한다.

오귀관살은 다음과 같다.

子生－辰 丑生－巳
寅生－午 卯生－未
辰生－申 巳生－酉
午生－戌 未生－亥
申生－子 酉生－丑
戌生－寅 亥生－卯

11 오귀화살부(五鬼化殺符)

오귀화살부(五鬼化殺符)는 여자가 四柱에 이 살이 있으면 낙태·유산이 발생하기 때문에 자녀를 키우기 힘들다. 이때 경면주사로 부적을 써서 몸에 간직하고 다니면 화를 면한다. 다만 임신에서 출산할 때까지를 말한다.

12 토황신살(土皇神殺)

토황신살(土皇神殺)이 침범하면 질병과 악몽이 생겨서 어수선하게 하는데 이때 이 부적을 써서 몸에 지니던가 집 내실 문위에 붙여두면 예방 또는 물러간다.

13 염왕관(閻王關)

사주에 염왕관살이 있으면 역시 단명하기 쉬운데 일주(日主)가 생왕(生旺)을 얻어 왕성하면 이 살이 있어도 무방하다. 그러나 일주가 약한 사주는 오래된 부처, 보살, 미륵 등에 불공드리는 것을 보지 말 것이며 이 부적을 써서 액을 막아야 한다.

염왕관살은 다음과 같다.

正二三月生 — 丑未
四五六月生 — 辰戌
七八九月生 — 子午
十十一十二月生 — 寅卯

14 귀문관(鬼門關)

귀문관살은 귀신이 씌운다는 살이니 사주에 이 살이 있는 사람은 어릴적에 빈집, 사당(廟) 등 음침한 곳에 가지 말아야 하며 이 부적을 써서 예방하면 무사하다.

부적과 귀문관살은 아래와 같다.

子日 — 酉   丑日 — 午
寅日 — 未   卯日 — 酉
辰日 — 亥   巳日 — 戌
午日 — 丑   未日 — 寅
申日 — 卯   酉日 — 子
戌日 — 巳   亥日 — 辰

15 무정관(無情關)

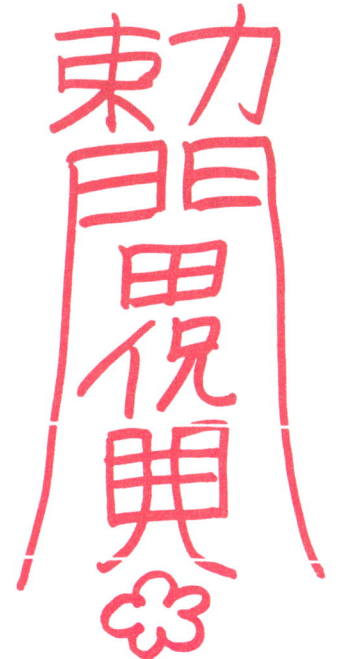

사주에 무정관살이 있으면 홀어머니, 혹은 홀아버지, 또는 의부(義父)를 섬기기 쉽다. 여하튼 이 살이 있으면 부모와의 정이 없는 상인데 장성할 때까지 이 부적을 써서 항시 지니고 있으면 이상과 같은 액이 제화(制化)된다. 무정관살은 아래와 같다.

正二三月-子寅亥
四五六月-巳戌亥
七八九月-申丑
十十一十二月-子午

16 단장관(斷腸關)

사주에 단장관살이 있으면 특히 소, 개, 돼지, 양 등을 잡는 것을 보지 말고 이 부적을 써서 십오세 전까지 한장씩 매년 바꾸어 가지면 아무 탈없이 평안하다.

단장괄살은 다음과 같다.
甲乙日=午未時
丙丁日=辰巳時
庚辛日=寅時
壬癸日=丑時

17 뇌공관(雷公關)

뇌공관살은 벼락을 맞을 염려가 있다는 흉살이다. 이 살이 사주에 있으면 우뢰가 치는 날 높은 언덕, 지붕, 나무위 같은 곳에 오르지 말아야 하고 이 부적을 써서 예방하면 아무 걱정이 없다.

뇌공관살이 드는 사주는 다음과 같다.

甲日生-丑
乙日生-午
丙丁日-子
戊己日-戌
庚辛日-寅
壬日生-酉
癸日生-亥

18 탕화관(湯火關)

사주에 탕화살이 있으면 끓는 물에 화상(火傷)을 크게 입을 염려가 있다. 그러므로 이 살이 있는 사람은 십세 이전에 끓는 물, 끓는 기름이 있는 곳에 가까이 가지 말 것이며 또 이 부적을 써서 항시 지녀주어야 액을 넘긴다. 탕화살이 드는 사주는 다음과 같다.

子午卯酉日生-午
辰戌丑未日生-未
寅申巳亥日生-寅

19 천조살부(天弔殺符)

천조살(天弔殺)이 四柱에 있으면 부모가 일찍 돌아가신 후 혼자 외로히 지내는 살인데 이때는 이 부적을 써서 몸에 항상 지니면 그 액을 면하고 吉하게 된다. 특히 매년 신수볼 때 이 살이 들어와 왕해지면 백발백중 액을 당한다고 하니 조심하기 바란다.

申子辰日生이 柱中에 巳·午가 들어있으면

巳酉丑日生이 柱中에 子·午가 들어있으면

寅午戌日生이 柱中에 辰·午가 들어있으면

亥卯未日生이 柱中에 午·申이 들어있으면 천조살이 된다.

20 백호살부(白虎殺符)

백호살(白虎殺) 또는 백호관살이라고도 한다. 사주에 백호살이 있으면 유행병으로 생명을 잃어버리는 경우가 있으므로 이때는 백호예방부 一매, 숭신부 一매를 작성하여 몸에 지니고 다니면 예방된다.

甲乙日生이 柱中에 酉가 있으면
丙丁日生이 柱中에 子가 있으면
戊己日生이 柱中에 午가 있으면
庚辛日生이 柱中에 卯가 있으면
壬癸日生이 柱中에 午가 있으면
백호살에 해당된다.

21 비염살부(飛廉殺符)

비염살(飛廉殺) 四柱中에 비염살이 있으면 20세를 넘기지 못하고 죽던가 정신이상이 생겨 가출하던가 하는데 이 때는 경면주사를 진하게 하여 이 부적 二매를 작성, 一매는 불에 태워 먹고 一매는 몸에 깊숙히 간직하면 무사한데 매년 계속 산신기도하면 그 액을 완전히 면하게 된다.

子年生이 申, 丑年生은 酉
寅年生은 戌, 卯年生은 亥
辰年生은 子, 巳年生은 丑
午年生은 寅, 未年生은 卯
申年生은 辰, 酉年生은 巳
戌年生은 午, 亥年生은 未가
있으면 비염살이 된다.

22 화상관(和尙關)

화상(和尙)이란 중(僧泥)을 말하는데 사주에 화상관살을 놓은 사람은 일찍 중이 될 인연이 있다는 것이다. 이를 면해주려면 어릴적에 사찰(寺刹)같은 곳에 데리고 가지 말고 중과 접촉을 삼가야 하며 또한 방편으로는 이 부적을 써서 지녀주면 이를 면한다. 화상관은 다음과 같다.

子午卯酉日 - 辰戌丑未
辰戌丑未日 - 子午卯酉
寅申巳亥日 - 寅申巳亥

23 급각관(急脚關)

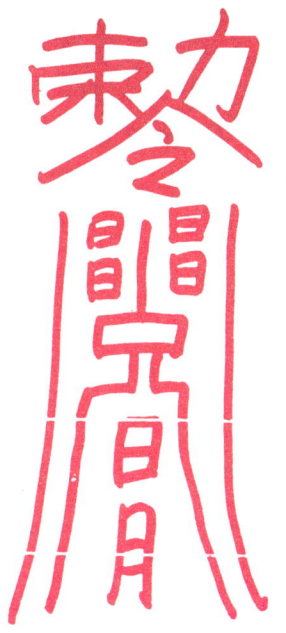

급각관살이란 다리를 크게 다쳐 불구(不具)가 되기 쉽다는 살이다. 사주에 이 살이 있는 사람은 어려서 집을 짓거나 돌다루고 흙다루는 공사장에 접근하지 말아야 하고 또는 이 부적을 써서 지녀주면 아무런 액을 당하지 않는다. 급각관살이 드는 사주는 아래와 같다.

　甲乙日生 — 申酉時
　丙丁日生 — 亥子時
　戊己日生 — 寅卯時
　庚辛日生 — 巳午時
　壬癸日生 — 辰戌丑未時

24 단교관(斷橋關)

단교관살이 사주(四柱) 가운데 놓인 사람은 외나무다리, 징검다리를 건너지 말고 또는 강(江) 건너는 것을 주의해야 한다. 단교관살은 다리를 다친다는 의미가 있으니 이 살이 있으면 아래 부적을 써서 살을 해소(解消)시켜 주어야 한다. 단교관살은 다음과 같다.

　正月寅 — 二月卯
　三月申 — 四月丑
　五月戌 — 六月酉
　七月辰 — 八月巳
　九月午 — 十月未
　十一月亥 — 十二月子

25 금쇄산(金鎖關)

금쇄관살이 사주에 있으면 어릴적에 금붙이, 은붙이, 동전, 자물쇠 등을 가지고 놀지 못하도록 해야 한다. 그리고 금쇄(金鎖)란 쇠사슬을 의미하는 것으로 몸이 쇠사슬에 읽힌다는 말이니 형옥(刑獄)수가 있으므로 아래의 부적을 사용하여 이 살의 작용력을 해소시켜야 한다.

금쇄관살은 아래와 같다.

正七月－申時　　四八月－亥時
二八月－酉時　　五十一月－子時
三九月－戌時　　六十二月－丑時

26 사주관(四柱關)

사주관살이란 의자(椅子), 책상(册床), 탁자(卓子) 같은 네 기둥(四柱－네 다리)이 달린 물건으로 인하여 액을 당한다는 뜻이니 특히 이러한 물건에 기대거나 걸터앉지 말아야 한다. 아래의 부적을 써서 몸에 지니면 사주관살의 작용력이 해소된다. 사주관은 아래와 같다.

正七月－巳亥時　四十月－寅申時
二八月－辰戌時　五十一月－丑未時
三九月－卯酉時　六十二月－子午時

27 장군전(將軍箭)

장군살(將軍殺)이 있는 사람은 어릴적에 장군묘(무덤)나 장군의 신주가 있는 사당 가까이 가지 않으면 재앙이 없다. 장군살 있는 사주에 특히 꺼리는 것은 장군살이 일지(日支)를 충하는 것이니 이렇게 충을 당한 경우에는 이 부적을 써서 살을 해소시켜야 한다.

장군살은 다음과 같다.
正二三月生-辰酉戌時
四五六月生-子卯未時
七八九月生-丑寅午時
十十一十二月生-巳申亥時

28 철사관(鐵蛇關)

철사관살이 사주에 있으면 우두(牛痘)를 맞을 때 주의하고, 천연두(天然痘)가 돌아다닐 때 특히 주의해야 한다. 이 철사관살이 있거든 우선 아래에 있는 부적으로 살을 막아주면 무사하다.

철사관살이 드는 사주는 다음과 같다.
甲乙生-辰月時
丙丁生-未申時
戊己生-寅月時
庚辛生-戌月時
壬癸生-丑月時

29　직난관(直難關)

직난관살이 사주에 있는 사람은 어릴적에 칼, 도끼, 바늘, 삽, 괭이같은 예리한 쇠붙이를 가지고 놀지 못하게 해야 한다. 만일 주의하지 않으면 쇠붙이에 크게 다치거나 불구자, 심하면 생명이 위험하다. 아래의 부적을 써서 항시 지녀주면 길하다. 이 살은 다음과 같다.

　　正二月－午
　　三四月－未時
　　五六月－卯戌
　　七八月－巳申
　　九十月－寅卯
　　十一十二月－辰酉

二十六. 질병 횡액(疾病 橫厄)

1　질병불침부(疾病不侵符)

이 부적은 어떠한 질병을 막론하고 집안에나 일신상에 침범치 못하도록 하는 것으로 내실문 위에 붙여두거나 몸에 지니고 다니면 질병을 물리칠 뿐만 아니라 복록이 이르고 기타의 재앙도 사라진다고 한다.

2 통치백병부(統治百病符)

통치백병부(統治百病符)란 부적은 병든 사람이 치료하기 위하여 약을 먹을 때 또는 약을 먹은 후에 이 부적을 경면주사로 써서 불에 태워 물로 마시면 효력을 발생한다. 특히 약을 복용할 때 그 부적태운 것을 곁들여 약을 복용하면 더욱 좋다고 한다.

①

②

3   장기병치료부(長期病治療符)

모든 장기병환자에게 쾌속 치료를 소원하는 부이다.

①

②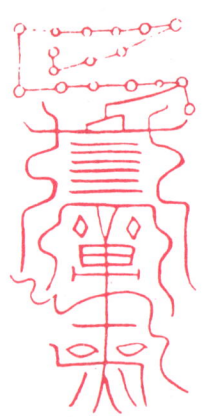

4   불수생사부(不受生死符)

불수생사부(不受生死符)란 부적은 환자가 원인모르게 의식을 잃고 있을 때 또는 전신마비 증세를 일으킬 때 쓰는 부적인데 사람의 생명이 위험할 때 이 부적을 경면주사로 가능한 많이(많은 수량) 혼합하여 부적을 작성하여 불에 태워 물에 타서 마시게 한다. 곧 회복한다고 한다.

5 약력부(藥力符)

①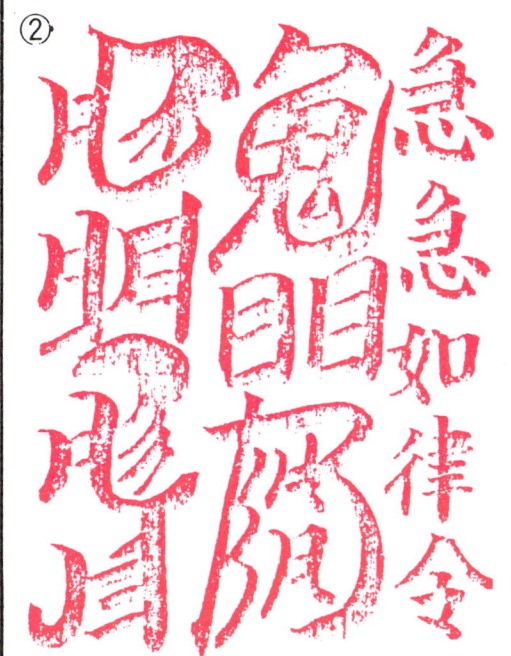

②

약력부(藥力符)란 부적은 약의 효력이 없을 때 쓰이는 부적인데 밤 12시부터 1시 사이에 쓰는데 반드시 경면주사로 만들어 그 자리에 놓아두었다가 아침 해솟을 때 태워서 먹으면 효력을 발생한다.

약력부(藥力符)란 부적은 약효가 없을 때 경면주사로 써서 아침 해솟을 때 불에 태워 마시면 효력을 발생한다고 하는데 3일 간격으로 3번을 계속하여 한다. 단힌번에 써서는 절대로 안된다.

③

6 식욕증진부(食慾增進符)   병후 식욕이 없을 때 왕성한
                              식욕을 원하는 부

明天王隉
唵急如律令

                              질병퇴치부(疾病退治符)

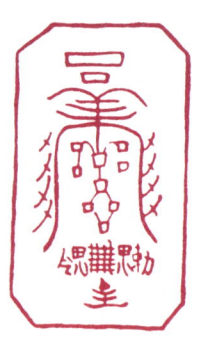

7 질병불침부(疾病不侵符)   운명학상 신수가 병액(病厄)이
                              따른다고 판단되거나, 질병이 생
                              길 우려가 있거나, 현재 질병중
   에 있는 경우는 이 부적을 써서
                              몸에 지니라 능히 질병을 예방할
                              것이요 질병중에 있더라도 곧 물
                              러갈 것이며 따라서 기타의 근심
                              걱정과 재난이 사리지고 목록이
                              이른다고 한다.

8 질병치료부(疾病治療符)

①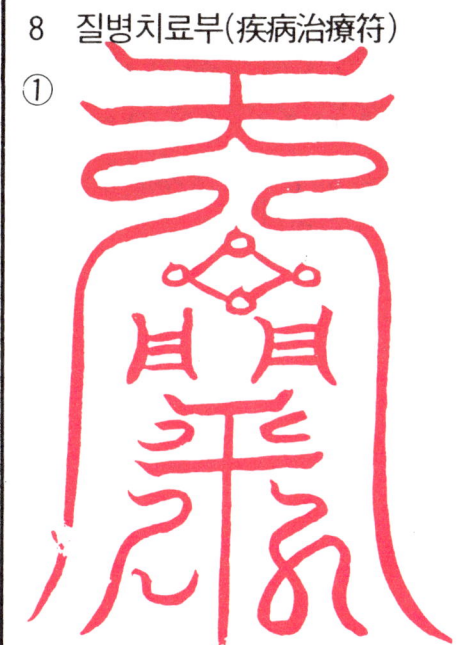

병이 들어 오래 신음하거나 약효가 없을 때 이 부적을 봉안(奉安)하고 분향기도(焚香祈禱)하면 신효하다.

②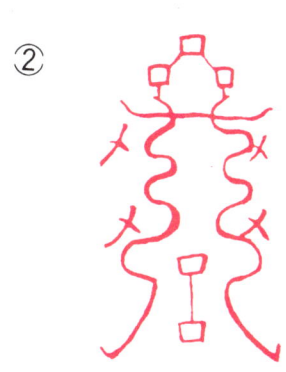

9 백병치료부(百病治療符)

①

이 부적은 어떠한 병을 막론하고 효력이 있는 것인데 치료가 더디거나 약효가 적을 때 이 부적을 써서 태워 마신다.

②

10 백병치료부(百病治療符)

①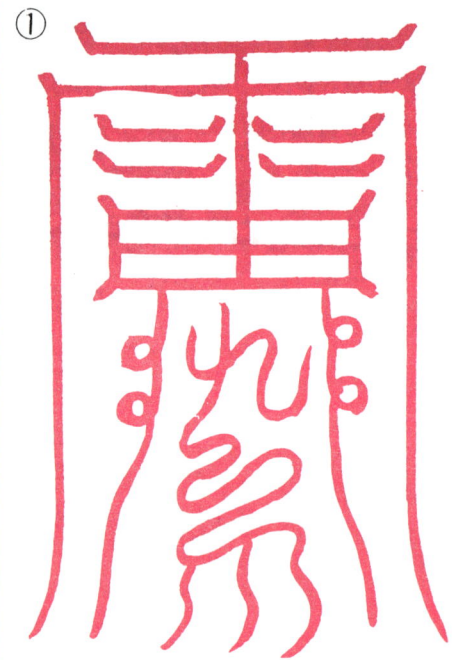

이는 옥추경(玉樞經)에 있는 부적인데 능히 뇌성(雷聲)을 진압하고 백가지 병을 다스린다. 이 부적을 봉안하고 경문을 읽으면 신효하리라.

②

11 백병예방부(百病豫防符)

①

이는 백병을 침입하지 못하도록 예방하고, 또는 물리치는 방법인데 예방에는 몸에 지니고, 치료에는 부적을 불에 태워 하루에 한장씩 八일간 복용하면 신효하라.

②

12 병치료부(病治療符)

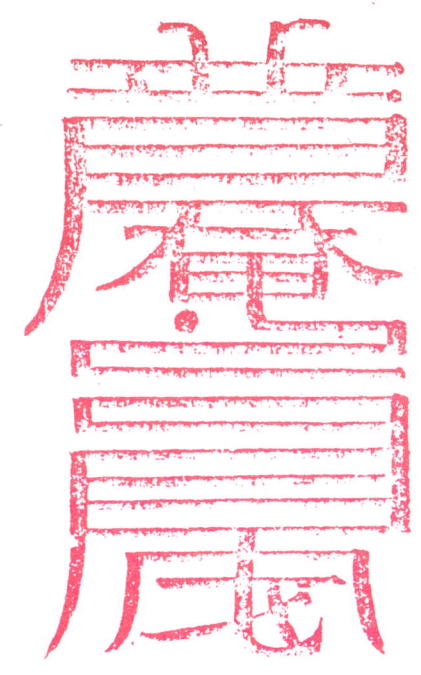

병치료부(病治療符)은 질병으로 고생하는 경우 이 부적을 경면주사로 써서 다음 아침 동녘이 밝기전에 집안 마당이나 또는 집안에서 정좌하고 동쪽으로 향하여 기도하고 나서 부적을 불에 태워 마시면 회복되기 시작한다.

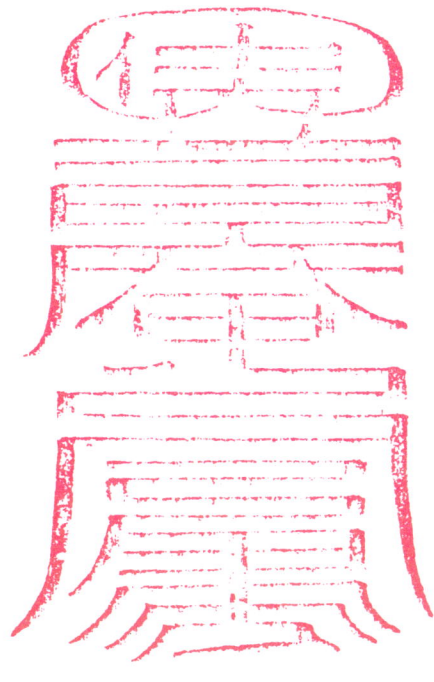

병치료부(病治療符)는 질병으로 고생하는 경우에 치료를 거듭하여도 효력이 나타나지 않을 때 이 부적을 써서 날이 밝기전에 불에 태워 먹으면 약의 효력이 발생한다고 한다.

환자가 원인모르게 고통을 당하고 투약하여도 효과가 없을 때 이 부적을 경면주사로 써서 불에 태워 먹으면 자연히 약효과를 본다.

13 만병통치부(萬病統治符)

이 부적을 불살라 그 재를 청수(淸水)에 복용하라.

14 만병통치부(萬病統治符)

이 부적 한장은 몸에 지니고 한장은 태워 마시면 효험이 있다.

15 환자보호부(患者保護符)

내과(內科)나 외과(外科)를 막론하고 환자를 보호해주는 대길한 부적이다. 이 부적을 써서 임상(臨床)중에 있는 환자의 몸에 지녀주면 위중한 경우라도 생명을 보호하고 아울러 약과 치료의 효과가 크다고 한다.

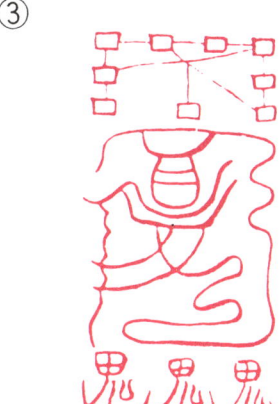

16 환자회복부(氣勞符)

원인모르게 쇠약하여 항시 모든 일이 의욕이 떨어지고 어떠한 약을 복용하여도 효력이 없으며 계속 몸이 허약할 때 경면주사로 2매를 작성하여 1매는 불에 태워 먹고 1매는 몸에 갖고 다니면 자연히 건강을 되찾게 된다.

17 장수부(長壽符)

수명을 오래 살게 소원하는 부

①

② 口口山
    口口山
    口口山
     鬼 唵急如律令

18 생사부(生死符)

①

환자 또는 사고(事故)로 외상(外傷)을 입어 생명이 위급할 때 이 부적을 써서 재를 만든 다음 온수(溫水)에 타서 환자에게 복용시키면 신효하다.

②

19 전염병(傳染病)예방부

①

돌림병이 돌아다니면 전염되지 않도록 예방하여야 한다. 이 부적을 지니면 예방되는데 이미 전염된 사람은 술에 유황을 약간 타서 부적을 태운 재와 같이 복용하라.

②

③

20 학질(瘧疫)예방부

학질에 걸렸을 때는 자라껍질을 잘게 가루를 만든다음 이 부적을 써서 태운 재와 같이 술에 타서 복용하되 같은 방법으로 三일간 계속하라.

소우리(牛榜)기둥에 붙여두면 돌림병이 물러간다.

①

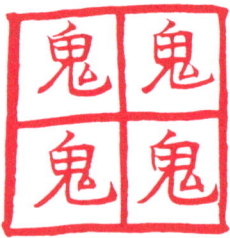

②

학질퇴치부

①
唵急如律令
土公
三巳出田
病
三巳囚人口田

②

21 외과·내과환자부(治百病符)　외과 내과 환자가 치료를 하여도 완치되지 않고 계속 악화될 때 이 부적을 몸에 간직하였다가 1일이 지난 뒤 불에 태워 약과 같이 먹으면 효력을 발생한다.

①

②

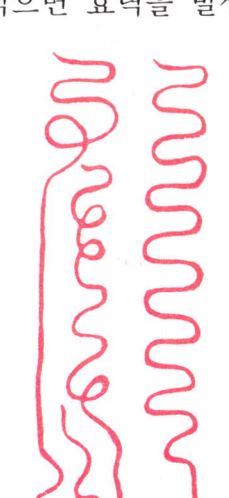

22 눈 코 귀 이(眼鼻耳齒)병퇴치부

눈병(眼)　　　코귀병(鼻耳)　　　이병(齒)

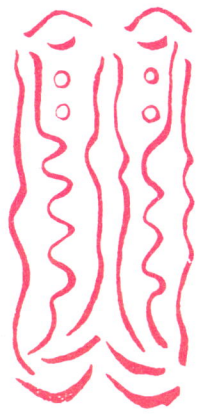

23 부녀백병(婦女百病)치료부

이상의 질병은 부녀자도 같이 해당하지만 이 항목에 설명하는 부적 내용은 남자에게는 필요치 않으므로 별도로 부녀자에 관한 것만을 간추려 기재하는 바이다.

이 부적은 특히 임신전이나 해산후 체질이 약하여 수척한 여자는 우선적으로 이 부적을 태워 복용한 뒤 증세에 의한 부적을 사용하라.

한끼에 한자씩 三일간 복용한다.

역자(逆子)방지부

24 월경불순(月經不順)

부녀자가 월경이 없거나 있더라도 경도가 고르지 못할 때는 천궁(天芎) 한돈반중 대린물에 위 부적재를 타서 복용하라.

①

③

②

25 대하증(帶下症)

①

이 부적은 대하증 뿐만 아니라 월경분순에도 사용된다. 향부자 한돈중을 삶은 물에 위 부적을 써서 불에 살른 재를 타서 마시면 대하증이 치료되고 경도도 순조롭게 진행된다.

②

26 유종(乳腫)

①

부녀자가 젖몽울이 생기거나, 부스럼 또는 독종(毒腫)이 유방에 생겼을 때는 이 부적을 태운 재에 술을 몇방울 떨어뜨려 고루 개어가지고 환부(患部)에 바른다 (한번에 한장씩 조석으로).

②

27 부녀잡증(婦女雜症)

부녀자들만이 걸리는 냉·대하증·하혈 등에는 당귀(當歸) 한돈중을 대린 물에 부적재를 타서 복용하라.

①

②

③

月月午 唵急如律令

28 수경부(收驚符)

이 부적은 어린이가 경기가 났을 때 태워서 복용시킨다.

①

②

29 경기(驚氣) 치료부

급성(急性) 경기에는 질갱이풀과 초련자를 같이 찧어 한잔정도 되게 즙(汁)을 만들어 꿀(蜜)끓인 물과 같이 저어서 부적을 불살라 만든 재를 타서 먹인다.

만성(慢性)이 된 경기에는 아궁이 흙을 두냥중 정도 물을 붓고 끓여서 흙이 가라앉은 뒤 찌꺼기는 버리고, 후추, 생강 구운 것 각 한돈중 육계 한돈중을 합하여 대린물과 아궁흙 대린물, 부적재를 모두 합하여(설탕을 섞어도 좋음) 복용시키면 신효하다.

①

②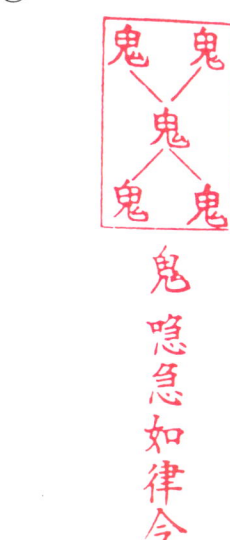

30 젖(乳)을 토할 때

갓난어린이가 젖을 자주 토할 때는 백출(白述) 오푼중 대린물에 위 부적 태운 재를 타서 먹이면 곧 효험이 있다.

31 야제부(夜啼符)

위에 있는 부적은 방에 붙이고 아래 부적은 성명 삼자를 부르면서 축수한뒤 불살라 버린다.

①

②

32 오줌싸개 치료법

오줌을 능히 가릴만한 어린이가 자다가 오줌을 싸는 버릇이 있거든 이 부적을 태운 재를 설탕물에 타서 먹이면 효험이 있다.

이 부적은 어린이가 깔고 자는 요밑에 넣어둔다.

① 龍鳳虎鬼化爲吉祥急急如律令

② 溫溫溫溫鬼隱急急如律令

③ 止水水水水鬼 隱急如律令

33 환중불약부(患中不藥符)

환자에게 투약하여도 효력이 나지않고 오래동안 고생할 때 경면주사로 이 부적을 써서 하루밤 몸에 지니고 자고 나서 간직한 시간에 불에 태워 투약과 같이 복용하면 효과가 잘 발생한다.

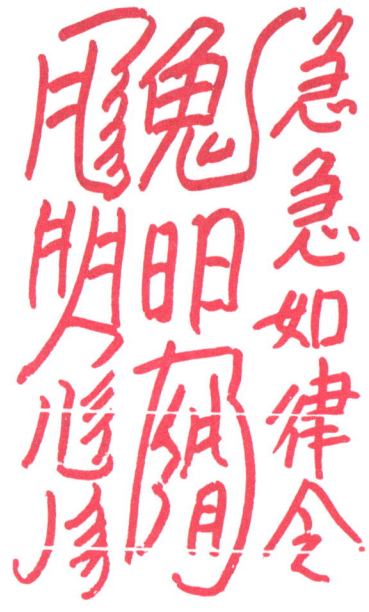

34 사골투태부(死骨投胎符) - 낙태사산예방부

선조의 객사 등으로 원인이 되어 임산부의 충격으로 낙태 사산이 있는 사람은 차후 임신후 사전에 예방할 때는 임신초기부터 부적을 작성하여 출산때까지 몸에 간직하면 액운을 면한다.

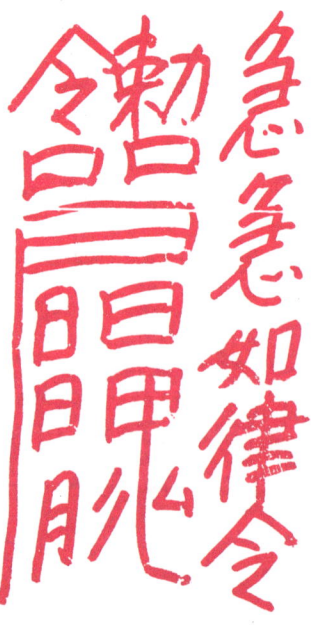

35 환중불약부(患中不藥符)

환자의 병이 지속적으로 계속되며 모든 약을 복용해서도 효력이 없어 고생할 때 이 부적을 2일간에 계속하여 매일 1장을 써서 몸에 간직하고 하루를 지나 간직한 시간이 돌아오면 불에 태워 먹는다. 계속 2일간 하면 약효가 발생한다. 단 반드시 경면주사로 써야 한다.

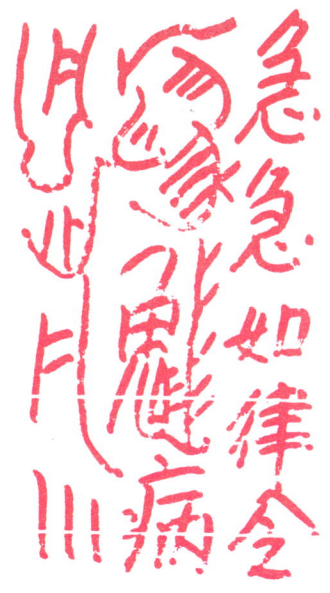

36 잠오게 하는 법(催眠符)

①

습관성 또는 근심걱정으로 인하여 좀체로 잠이 들지 않을 때는 이 부적을 써서 태워 마시면 곧 잠이 들게 된다.

근심, 걱정 등 습관성으로 잠이 잘오지 않을 때 이 부적을 태워 마시고 잠을 청하면 효력이 있다고 한다.

②

37 가위눌릴때부

몸이 허약하여 잠잘때 헛소리하고 가위눌려 허덕일 때 두장 써서 1장은 베게속에 넣어두고 1장은 태워 복신 한동중 다린 물에 타서 마신다.

정신허약 또는 기타의 원인으로 잠만 들면 꿈자리가 사납고 가위눌려 헛소리를 하던지 식은 땀이 몹시 나오는 경우 이 부적을 써서 한장은 벼개밑에 넣고 자고 한장은 복신(伏神) 한돈중 대린 물에 부적 태운재를 타서 복용하면 신효하다.

38 정신이 맑아지는 법

학생, 연구가, 발명가, 아이디어맨 또는 시험에 응시하는 사람 등 주로 정신계통에 노력하는 사람이 이 부적을 몸에 지니면 정

침실평안부(寢室平安符)

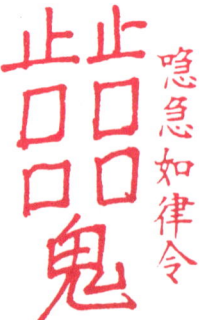

39. 정신광란치료부(精神狂亂治療符)

모든 정신질환을 물리치고 심신이 안전되게 한다.

①
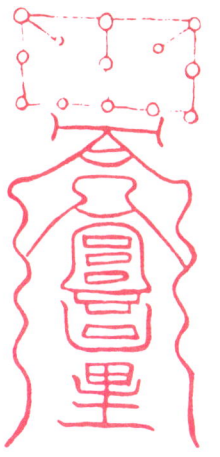

②

40 성격개조부

가족이나 자녀 등이 불량한 성격을 지녀 근심할 때 이 부적을 그려 그 불량한 사람의 베개나 침구속에 본인 모르게 넣어두면 차츰 개과천선하여 좋은 성격으로 변한다고 한다. 또 자신의 나쁜 성격을 고치는데도 이용된다.

二十七. 가축(家畜)

1 가축(家畜)이 잘 자라게 하는 부

육축(六畜)이란 여섯가지의 가축(家畜)으로 즉 소(牛), 말(馬), 양(羊), 닭(鷄), 개(狗), 돼지(猪)를 총칭함인데 오리(鵝鴨) 등 모든 가축을 통칭하여 육축이라고도 한다. 이 부적을 써서 축사(畜舍)에 붙여두면 모든 육축이 병 없이 잘 자라고 번성한다.

동물오곡발복부(動物五穀發福符)

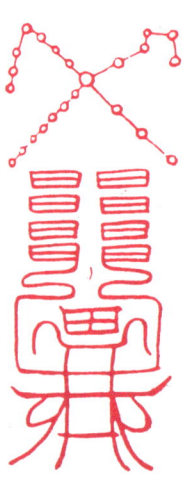

2 돌림병(瘟疫)방지부

어떠한 가축(家畜)을 막론하고 이 부적을 써서 축사(畜舍)에 붙여두면 치료 또는 예방이 된다.

〈봄병〉

欽奉 瘟春 張天作

〈가을병〉

奉酆都 瘟秋 趙光明

〈여름병〉

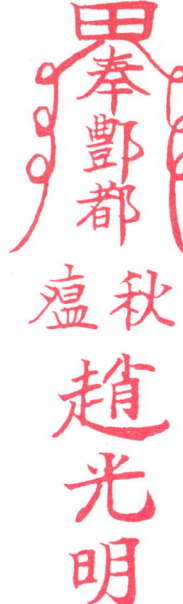

勅下 瘟夏 劉九達

〈겨울병〉

四時無災 時氣消滅保冬 八節有慶 瘟林子貴

3 온역퇴치부(瘟疫退治符)

(가) 온역을 물리치는 부적이다.

(나) 모든 육축의 온역을 물리치는 부적

4 가축병(家畜病)퇴치부   5 소병 고치는 부적(牛瘟退治符)

①

②
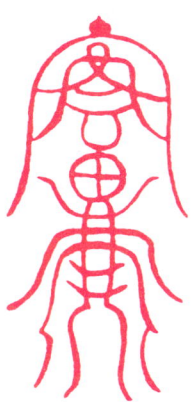

③

6 돼지병(猪蘊)고치는 부적
   돼지우리에 붙여두면 병이 물러간다.

7 닭(鷄)·오리(鵝鴨)병 부적
   닭장이나 오리집에 이 부적을 붙이면 병을 예방·치료된다.

8 개병(狗瘟)을 물리치는 부적　　9 들짐승을 막는 부

　뱀・벌레 또는 맹수(猛獸)들의 침입을 막는 방법인데 이 부적을 써서 대문위에 붙여두면 들짐승(野獸)이 들어오지 않는다.

10 쥐를 쫓는 부적(辟鼠符)

正月子日子時에 이 부적을 써서 아궁이 위 부뚜막에 놓아두면 신효하다.

①

虎貓 此符鎭之

②

扁鬼
日日 呂火 扁
日日
日日日 唵急如律令

11 계아압길부

계아압길부는 가축을 기를 때 이 부적을 써서 축사위에 붙이면 가축병이 물러가고 길하게 된다.

인화(人和)화합부

12 육축대길부(六畜大吉符)

육축대길부(六畜大吉符)란 부적은 축사 또는 돈사, 계사 등에 붙여두면 외부 짐승의 침입을 예방하고 육축이 번창하여 가는 길한 부적이다.

원적(怨敵)퇴치부

부적을 만드는 요령

一, 붓(筆), 종이, 원료를 먼저 준비한다. 종이는 원래 괴황지(槐黃紙)를 사용하게 되었으나 지금은 구하기 어려울 것이므로 백지(白紙)를 사용하게 되었으나 지금은 구하기 어려울 것이므로 백지(白紙-窓戶紙)로 대용(代用)하고, 원료는 경면주사(鏡面朱砂)를 참기름에 개어서 준비한다(혹 靈砂로도 씀).

二, 부적을 만드는 사람, 그리고 부적을 사용하는 사람은 三일 전부터 목욕재계(沐浴齋戒)해야 한다.

三, 부적을 만드는 사람은 가능하면 甲子時에 의관을 단정히 하고 분향한 뒤 주문(呪文) 또는 경문(해당되는)을 읽은 다음 붓으로 주사(朱砂)를 찍어 소용(所用)되는 부적을 쓴다.

四, 부적을 쓰는 종이의 규격은 넓이(幅-가로) 9세치 정도에 길이는 각 부적의 모양에 따라 편리하도록 한다.

○규격(規格)의 보기

부   록

1. 직성 보는법
2. 행년을 보아 치성을 하는법
3. 월별개운비법(月別開運秘法)

1. 직성 보는법

10세	남	제웅직성	미륵보살	등명 강에든 쥐몸
	녀	목 직 성	미륵보살	등명 강에든 쥐몸
11세	남	토 직 성	여래보살	신후 재에든 매몸
	녀	제웅직성	관음보살	하괴 구렁에든 노루몸
12세	남	수 직 성	최정보살	대길 밭에든 이리몸
	녀	토 직 성	아미보살	종괴 섬에든 돼지몸
13세	남	금 직 성	보현보살	공조 산에든 범의 몸
	녀	수 직 성	대세지보살	전송 방에든 꿩의 몸
14세	남	일 직 성	약사보살	태충 수풀에든 매몸
	녀	금 직 성	마리보살	소길 돈산에든 사자몸
15세	남	화 직 성	문수보살	천강 뫼에든 꿩의 몸
	녀	일 직 성	전관보살	승광 꽃에든 범의 몸
16세	남	계도직성	지장보살	태을 끓는 물에든 돼지몸
	녀	화 직 성	지장보살	태을 끓는 물에든 이리몸
17세	남	월 직 성	전관보살	승광 꽃에든 노루몸
	녀	계도직성	문수보살	천강 뫼에든 매몸
18세	남	목 직 성	마리보살	소길 동산에든 쥐몸
	녀	월 직 성	약사보살	태충 수풀에든 쥐몸
19세	남	제웅직성	매세지보살	전송 강에든 매몸
	녀	목 직 성	보현보살	공조 산에든 노루몸
20세	남	토 직 성	아미보살	종괴 섬에든 이리몸
	녀	제웅직성	최정보살	대길 밭에든 돼지몸
21세	남	수 직 성	관음보살	하괴 구렁에든 범의 몸
	녀	토 직 성	여래보살	신후 재에든 꿩의 몸
22세	남	금 직 성	미륵보살	등명 강에든 사자몸
	녀	수 직 성	미륵보살	등명 강에든 사자몸
23세	남	일 직 성	여래보살	신후 재에든 꿩의 몸
	녀	금 직 성	관음보살	하괴 구렁에든 범의 몸

24세	남	화 직 성	최정보살	대길 밭에든 돼지몸
	녀	일 직 성	아미보살	종괴 섬에든 이리몸
25세	남	계도직성	보현보살	공조 산에든 노루몸
	녀	화 직 성	대세지보살	전송 방에든 매몸
26세	남	월 직 성	약사보살	태충 수풀에든 쥐몸
	녀	계도직성	마리보살	소길 동산에든 쥐몸
27세	남	목 직 성	문수보살	천광 뫼에든 매몸
	녀	월 직 성	전관보살	승광 꽃에든 노루몸
28세	남	제웅직성	지장보살	태을 끓는 물에든 이리몸
	녀	목 직 성	지장보살	태을 끓는 물에든 돼지몸
29세	남	토 직 성	전관보살	승광 꽃에든 범의 몸
	녀	제웅직성	문수보살	천강 뫼에든 사자몸
30세	남	수 직 성	마리보살	소길 동산에든 사자몸
	녀	토 직 성	약사보살	태충 수풀에든 사자몸
31세	남	금 직 성	대세지보살	전송 방아에든 꿩의 몸
	녀	수 직 성	보현보살	공조 산에든 범의 몸
32세	남	일 직 성	아미보살	종괴 섬에든 돼지몸
	녀	금 직 성	최정보살	대길 밭에든 이리몸
33세	남	화 직 성	관음보살	하괴 구멍에든 쥐몸
	녀	일 직 성	여래보살	신후 재에든 매몸
34세	남	계도직성	미륵보살	등명 강에든 쥐몸
	녀	화 직 성	미륵보살	등명 강에든 쥐몸
35세	남	월 직 성	여래보살	신후 재에든 매몸
	녀	계도직성	관음보살	하괴 구렁에든 이리몸
36세	남	목 직 성	최정보살	대길 밭에든 이리몸
	녀	월 직 성	아미보살	종괴 섬에든 돼지몸
37세	남	제웅직성	보현보살	공조 산에든 범의 몸
	녀	목 직 성	대세지보살	전송 방아에든 꿩의 몸
38세	남	토 직 성	약사보살	태충 수풀에든 사자몸
	녀	제웅직성	마리보살	소길 동산에든 사자몸

39세	남 수 직 성	문수보살	천강 뫼에든 꿩의 몸
	녀 토 직 성	전관보살	승광 산에든 범의 몸
40세	남 금 직 성	지장보살	태을 끓는 물에든 돼지몸
	녀 수 직 성	지장보살	태을 끓는 물에든 이리몸
41세	남 일 직 성	전관보살	승광 꽃에든 노루몸
	녀 금 직 성	문수보살	천강 뫼에든 매몸
42세	남 화 직 성	마리보살	소길 동산에든 쥐몸
	녀 일 직 성	약사보살	태충 수풀에든 쥐몸
43세	남 계도직성	대세지보살	전송 방아에든 매몸
	녀 화 직 성	보현보살	공조 산에든 노루몸
44세	남 월 직 성	아미보살	종괴 산에든 이리몸
	녀 계도직성	최정보살	대길 밭에든 돼지몸
45세	남 목 직 성	관음보살	하괴 구렁에든 범의 몸
	녀 월 직 성	여래보살	신후 재에든 꿩의 몸
46세	남 제웅직성	미륵보살	등명 강에든 사자몸
	녀 목 직 성	미륵보살	등명 강에든 사자몸
47세	남 토 직 성	여래보살	신후 재에든 꿩의 몸
	녀 제웅직성	관음보살	하괴 구렁에든 범의 몸
48세	남 수 직 성	최정보살	대길 바다에든 이리몸
	녀 토 직 성	아미보살	종괴 산에든 이리몸
49세	남 금 직 성	보현보살	공조 산에든 노루몸
	녀 수 직 성	대세지보살	전송 동산에든 쥐몸
50세	남 일 직 성	약사보살	태충 우물에든 쥐몸
	녀 금 직 성	마리보살	소길 방아에든 매몸
51세	남 화 직 성	문수보살	천강 뫼에든 매몸
	녀 일 직 성	전관보살	승광 꽃에든 노루몸
52세	남 계도직성	지장보살	태을 끓는 물에든 이리몸
	녀 화 직 성	지장보살	태을 끓는 물에든 돼지몸
53세	남 월 직 성	전관보살	승광 꽃에든 범의 몸
	녀 계도직성	문수보살	천강 뫼에든 꿩의 몸

54세	남 목 직 성	마리보살	소길 동산에든 사자몸
	녀 월 직 성	약사보살	태충 수풀에든 사자몸
55세	남 제웅직성	대세지보살	전송 방아에든 꿩의 몸
	녀 목 직 성	보현보살	공조 산에든 범의 몸
56세	남 토 직 성	아미보살	종괴 움에든 돼지몸
	녀 제웅직성	최정보살	대길 바다에든 이리몸
57세	남 수 직 성	관음보살	하괴 구렁에든 노루몸
	녀 토 직 성	여래보살	신후 재에든 매몸
58세	남 금 직 성	미륵보살	등명 강에든 쥐몸
	녀 수 직 성	미륵보살	등명 강에든 쥐몸
59세	남 일 직 성	여래보살	신후 재에든 매몸
	녀 금 직 성	관음보살	하괴 구렁에든 돼지몸
60세	남 화 직 성	최정보살	대길 바다에든 이리몸
	녀 일 직 성	아미보살	종괴 섬에든 돼지몸
61세	남 계도직성	보현보살	공조 산에든 범의 몸
	녀 화 직 성	대세지보살	전송 바다에든 꿩의 몸
62세	남 월 직 성	약사보살	태충 수풀에든 사자몸
	녀 계도직성	마리보살	소길 동산에든 사자몸
63세	남 목 직 성	문수보살	천강 뫼에든 사자몸
	녀 월 직 성	전관보살	승광 뫼에는 사자몸
64세	남 제웅직성	지장보살	태을 끓는 물에든 돼지몸
	녀 목 직 성	지장보살	태을 끓는 물에든 이리몸

직성법은 하늘에 아홉성군이 있어 사람의 나이대로 돌아 차지하니 이 글을 보아 이대로 하면 액을 면하고 복을 얻으리라.

아홉성군위차(九星君位次)

연령과 해당 직성	건명(남자)	곤명(여자)
1. 10. 19. 28. 37. 46. 55. 64	제웅직성	목 직 성
2. 11. 20. 29. 38. 47. 56. 65	토 직 성	제웅직성
3. 12. 21. 30. 39. 48. 57. 66	수 직 성	토 직 성
4. 13. 22. 31. 40. 49. 58. 67	금 직 성	수 직 성
5. 14. 23. 32. 41. 50. 59. 68	일 직 성	금 직 성
6. 15. 24. 33. 42. 51. 60. 69	화 직 성	일 직 성
7. 16. 25. 34. 43. 52. 61. 70	계도직성	화 직 성
8. 17. 26. 35. 44. 53. 62. 71	월 직 성	계도직성
9. 18. 27. 36. 45. 54. 63. 72	목 직 성	월 직 성

☆제웅직성(羅睺直星) : 나후성군이니 만사가 흉하고 3. 9월에 관재구설과 안질 해산액이 있고 6. 12월에 자손으로 걱정수니 정월 망일에 초인을 만들어 도액하면 대길하리라.

☆토직성(土直星) : 익성군이니 가내가 태평하나 관재구설과 이별 낙상할 수가 있고 정. 5. 9월에 실물수라 이 해는 배타지 말고 높은데 오르지 말고 토역하지 말고 정월 망일에 명산 정결처에 가서 조밥지어 흐트면 길하리라.

☆수직성(水直星) : 복록성군이니 만사대길 복록이 많고 높은 이름을 얻으며 관록이 승진한다. 사람을 들이면 길하고 길가면 재물을 얻을 수이다. 조심하고 정월 망일 조밥지어 흐트면 대길하리라.

☆금직성(金直星) : 양성군이니 백사대길하고 먼길가면 이롭고 벼슬하며 녹을 먹을 수라. 다만 구설과 실물과 신병액이 있고 2. 3월 관재수 있으니 남과 다투지 말고 정월 망일에 서방 태백성을 향해서 네번 절하라.

☆일직성(日直星) : 태양성군이니 복록이 대길하며 만인이 앙시 매사가 대통할 수이다. 정. 5. 9월에 구설과 손재수가 있으며 불길하니 정월 망일에 붉은 종이에 해를 그리거나 둥글게 오

려서 지붕에 꽂고 사배하면 길하리라.

☆화직성(火直星) : 재직성이니 매사대흉하고 재앙과 구설과 실물수니 도적을 조심하고 원행말고 사람을 들이지 말라. 정월 망일에 옷동정을 떼어 남향해서 사르면 길하리라.

☆계도직성(計度直星) : 공주성군이니 만사 흉하고 실물수요 원행함이 길하고 집에 있으면 구설이 있다. 밤길을 가지 말라. 정월 망일 종이로 버선을 만들어 지붕위에 꽂고 사배하면 길하리라.

☆월직성(月直星) : 태음성구이니 신수대길하고 관록이 이르고 만사대길하나 원행하면 질병과 낙상수 있고 여자는 해산액이 있으니 정월 망일에 홰 3자루로 달이 돋아오를 때 불을 붙여서 달맞이하며 사배하면 길하리라.

☆목직성(木直星) : 조원성군이니 만사화합하고 관록이 이르며 만사대길하나 남자는 안질이 있고 여자는 실물수 있으며 6. 12월에 구설수 조심할 것 정월 망일에 목욕하고 달을 향해서 사배하면 길하리라.

2. 행년을 보아 치성 하는법

천상에 열두보살과 열두신장이 있어 사람의 행년을 차지하였으니 세초에 이를 살펴서 행년에 매인 보살께 정월대로 정성껏 불공하고 신장께는 금강경 팔양경이나 천수경을 봉독하며 도액하면 태평하고 만사대길하리라.

행년에 매인 보살과 신장 일람표

건명(남자)연령	보살이름	신장	곤명(여자)연령
10. 22. 34. 46. 58	미 륵 보 살	등명	10. 22. 34. 46. 58
11. 23. 35. 47. 59	여 래 보 살	신후	21. 33. 45. 57. 69
12. 24. 36. 48. 60	최 정 보 살	대길	20. 32. 44. 56. 68
13. 25. 37. 49. 61	보 현 보 살	공조	19. 31. 43. 55. 67
14. 26. 38. 50. 62	약 사 보 살	태충	18. 30. 42. 54. 66
15. 27. 39. 51. 63	문 수 보 살	천강	17. 29. 41. 53. 65
16. 28. 40. 52. 64	지 장 보 살	태을	16. 28. 40. 52. 64
17. 29. 41. 53. 65	전 관 보 살	승광	15. 27. 39. 51. 63
18. 30. 42. 54. 66	마 리 보 살	소길	14. 26. 38. 50. 62
19. 31. 43. 55. 67	대세지보살	전송	13. 25. 37. 49. 61
20. 32. 44. 56. 68	아 미 보 살	종괴	12. 24. 36. 48. 60
21. 33. 45. 57. 69	관 음 보 살	하괴	11. 23. 35. 47. 59

열 두 보살(12菩薩)

본데 불보살은 대자대비 성심을 위주하여 사람에게 해롭게 함이 없으니 정성으로 인등하고 불공하면 재앙을 물리고 복록을 점지한다.

열 두 신장(12神將)

☆등명(登明) : 일마다 되지 못하고 손재수와 남의 모해 염려 있고 복상으로 조문 받을수라 4. 10월이 액달이니 미륵보살께 인등하라.

☆신후(神后) : 잡귀가 집안에 가득하여 작희함으로 경영하

는 일이 여의치 못하고 또 실물수 있다. 5. 11월이 액달이니 여래보살께 인등하라.

☆대길(大吉) : 업도가 흥하고 백사대길하되 다만 계집에게 모해를 입을 액이 있다. 6. 12월이 액달 최정보살께 인등하라.

☆공조(功曹) : 백사평길하고 귀인을 만나며 살도리가 있고 재물을 얻을 수이나, 조문받을 액이 있으니 정. 7월이 액달이라 보현보살께 인등하라.

☆태충(太冲) : 백사불길하며 관재와 병살과 이별수가 있다. 먼길 떠나면 횡액이 있으니 조심하라. 2. 8월이 액달이니 약사보살께 인등하라.

☆천강(天罡) : 일마다 멀고 관재구설과 병살이 있고 가옥수리 집짓기 역사와 이사말고 부모복상 조심하라. 3. 9월이 액달이니 문수보살께 인등하라.

☆태을(太乙) : 백사극흉하고 관재구설과 조문받을수니 귀신이 집탈하면 신병으로 고생수. 4. 10월이 액달이니 지장보살께 인등하라.

☆승광(勝光) : 백사가 길하며 귀인을 만나고 재물을 얻으며 송사하면 이길수이나 다만 집을 고치지 말고 5. 11월이 액달이니 전관보살께 인등하라.

☆소길(小吉) : 농사와 길삼하면 길하며 장사하면 실물액을 삼가조심하고 문병이나 조문가지 말 것이다. 6. 12월이 액달이니 마리보살께 인등하라.

☆전송(傳送) : 집짓지 말고 관사에 해로우며 집에 있으면 병액으로 고생하니 외방에 가서 혼인하면 길하리라. 정. 7월이 액달이니 대세지보살께 인등하라.

☆종괴(從魁) : 만사대흉하니 잡귀가 재앙을 지으므로 상사로 곡성들을 액이요, 손재하며 우마도 다칠 수(차사고)이다. 2. 8월이 액달이니 아미보살께 인등하라.

☆하괴(河魁) : 일마다 고 귀양갈 수요, 건명(남자)은 관재와 병살이 있고 곤명(여자)은 해산병과 실물액이 있으니 조심. 3. 9월이 액달이니 관음보살께 인등하라.

3. 월별개운비방(月別開運秘方)

정월(正月) (※ 이하는 음력(陰曆)에 의함)

　원일(元日~설날) 새벽2시(축시)에 산초주(山椒酒) 1홉과 붉은 팥(赤豆) 7알을 먹으면 연중무병으로 건강을 보전할 수가 있다. **초7일** 아침, 남자는 붉은 팥 7알, 여자는 14알을 날것으로 삼키면 노후까지 건장하고 행복함이 많다. **초10일** 아침에 목욕하면 화액이 물러가고 또 치아가 단단해진다. **정월중** 더운 물에 소금 한줌을 넣어서 발을 씻으면 그 해에는 각기에 걸리지 않는다. **정월중** 붕어 대가리를 먹으면 복부 질병에 걸린다. **정월 기축일** 닭을 조상사당에 받쳐서 제사지내면 그 해에는 누에 발육이 매우 잘된다. **정월중** 매일아침 머리빗질을 2번씩 해서 백회가 되면 연중 감기에 걸리지 않는다. **정월중** 떡갈나무열매(섭도토리)를 약주 한피에 넣어서 조금씩 마시면 그 해에는 병난을 피할 수 있다.

2월(二月)

　초2일 구기(枸杞)를 더운물에 넣어 목욕하면 살결이 부드러워진다. **초8일** 저녁에 목욕하면 그 해는 건장하다. **초9일** 어육(魚肉)을 먹으면 뜻밖의 재난을 당한다. **상순임일(上旬壬日)** 황토를 집 네귀퉁이에 바르면 그 해 양잠이 잘된다. **상순병일(上旬丙日)** 목욕하면 연중 감기고뿔에 안걸린다. **이달중병일(丙日)** 수목 나무를 소제하면 일가가 번영한다. **이달중묘일(卯日)** 묘시에 일을 하면 성취하지 못한다. **이달중** 부추를 먹으면 질병에 걸린다. **병일** 머리를 감으면 질병이 낫는다. 특히 안질에 좋다. **이달중** 삼리경골(三里經骨) 대혈(對穴)에 뜸을 7장 뜨면 이해에 각기병에 안걸리고 또 몸안의 독기가 제거된다. **이달중** 계란을 먹으면 기억력이 쇠퇴한다. **14일** 여행하면 뜻밖의 재난을 만난다.

3월(三月)

　　초3일(삼짓날) 비늘이 있는 것을 먹지 말라고 전해 온다. 3일 전단(栴檀~멀구슬나무)잎을 따다가 마루밑에 놓아두면 그해안에는 벼룩·이가 안생긴다. 3일 냉이를 캐다가 마루밑에 놓으면 구더기가 안생긴다. 6일 신시(오후4시경)에 머리를 감으면 행복이 있다. 7일 신시에 목욕하면 재산상의 이익을 얻는다. 18일 소금에 절인 것을 먹으면 신체가 강건해진다. 이달중 복숭아꽃을 술에 적셔서 세수하면 얼굴이 예뻐진다. 이달중 금수를 살생하면 몸에 화액이 닥친다. 이달중진일(辰日) 진시(오전8시전후) 무슨일이건 시작함은 재미없다. 이달중 복숭아 잎을 따서 그늘에서 말려 매일아침 생수와 함께 마시면 가슴병이 완치된다.

4월(四月)

　　초4일 저녁에 목욕하면 연중 남과 다투지 않게 된다. 초8일 구기를 넣고 목욕하면 안색이 늙지 않는다. 이달중 떠놓아 묵혔던 물로 세수하면 가을에 가슴앓이에 걸린다. 이달중 닭고기를 날것채로 먹으면 피부병에 걸린다. 이달중 마늘을 먹으면 안질에 걸린다. 이달중 사일(巳日) 사시(巳時~오전10시전후)에 일을 시작하면 성공되지 못한다.

5월(五月)

　　초1일 목욕하면 살결이 매끄럽고 광택이 더해진다. 초5일(단오) 2시(午時~정오전후) 쑥을 뜯어서 뜸쑥을 삼으면 백병에 특효가 있다. 초5일 부평초를 그늘에 말렸다가 모기풀로 쓰면 신통한 효과가 있다. 초5일 창포뿌리를 7개 캐서 각기 한치(1寸~3cm) 길이로 잘라서 약주를 담가 마시면 타박상에 특효가 있다. 5, 6, 7, 15, 16, 17, 25, 26, 27일의 9일간 방사를 행하지 말 것이다. 범방하면 3년안에 생명에 관계되는 큰병에 걸린다. 이달중 복숭아 살구 외얏 매화 묘목을 처녀에게 심게 하면 그 나무 꽃이 아름답고 열매도 맛이 매우 좋다. 이달중 장마 빗물로 차를 달이면 여러 삿된 기운을 물리칠 수가 있다. 이달중 빗물로 피부병을 씻으면 신효가 있다. 이달중 흰국화 뿌리를 먹으면 백발이 적어진다. 이달중 자일(子日) 동쪽으로 뻗은 복숭아가지를 두치(二寸~6cm) 정도 취해서 벼개 밑에 놓아두면 기억력이 증진된다.

6월(六月)

초6일 정원의 흙을 움직이면 동토탈로 약병에 걸린다. 초6일 목욕하면 직업상의 근심이 생긴다. 15일(유두) 밀국수·칼국수를 먹으면 장수할 수 있다. 이달중 더위를 먹었을 때에는 물을 먹이지 않은채 행길위의 뜨거워진 흙을 퍼서 배꼽 위에 놓으면 신통한 효과가 있다. 이달중 가지 잎을 따서 그늘에 말렸다가 볶아서 용하면 복부 질병이 완치된다. 이달중 대나무를 잘라서 처마밑에 가로 질러두면 바퀴벌레가 생기지 않는다. 이달중 부추를 먹으면 안질에 걸린다. 이달중 결혼하면 액난을 만난다.

7월(七月)

초7일(칠석) 의복을 햇볕에 쏘이면 좀이 쓸지 않는다. 22일 목욕을 하면 모발에 광택이 더한다. 입추날 목욕하면 살결이 나빠진다. 축일(丑日) 부잣집 흙을 취해서 벽에 바르면 일가번영한다. 입추날 오전5시 붉은 팥 7알 먹으면 식체이질에 걸리지 않는다. 이달중 부용 잎사귀를 종기에 붙이면 특효가 있다. 이달중 날잎사귀를 먹으면 배탈이 난다. 이달중 백합뿌리를 백일간 음간해서 백발을 뽑은 뒤에 바르면 그자리에 검은머리털이 나온다. 이달중 봉밀을 날것으로 먹으면 이질설사한다.

8월(八月)

　초1일 사시(四時~오전10시전후) 불에 발을 쬐면 유행병에 걸리지 않는다. 그믐날 밤에 잠자기 전에 목욕하면 새달에 행복한 일이 생긴다. 이달중 음지에 걸어 두었던 물을 마시면 각기병에 걸린다. 이달중 햇생강을 많이 먹으면 천식에 걸린다. 이달중 게를 먹으면 종기가 난다. 이달중 유일(酉日) 유시(酉時~오후6시전후)에 일을 행하면 실패한다.

9월(九月)

　초9일(중양절) 구기자를 약주에 담가서 먹으면 모발의 광택이 더하고 또 일체의 유행병에 걸리지 않는다. 초9일 국화꽃으로 담근 국화주 향내는 두통에 신효가 있다. 18일 먼곳으로 여행하면 뜻밖의 재난을 만난다. 이달 술방(戌方~북북서)에 숯 5근(3kg)을 파묻으면 화재를 모면한다. 이달중 술일(戌日) 술시(戌時~오후8시전후)에 나무를 옮겨 심으면 발육이 왕성해진다. 이달중 생강을 많이 먹으면 질병의 원인을 만든다. 또 서리맞은 참외를 먹으면 위장병이 된다. 이달중 술일(戌日) 술시는 어떤 업을 행해도 실패한다.

10월(十月)

　14일 구기자를 넣은 탕에 목욕하면 고질병도 낫고 수명장수한다. 사일(巳日) 괴실(槐實)을 복용하면 백병이 완치되고 또 정력이 증강된다. 해일(亥日) 인절미를 먹으면 삿된 기를 받지 않는다. 이달중 부추를 먹으면 코병에 걸린다. 이달중 멧돼지고기를 먹으면 우울증에 걸린다. 이달중 팥을 백일간 그늘에 말렸다가 달여서 마시면 입술빛이 예뻐지고 또 안질이 치유된다. 입동날 죽에 팥을 넣어 먹으면 복부병이 치유된다.

11월(十一月)

　초8일 오곡으로 쑨 죽을 먹으면 급한 성질이 누그러진다. 10일, 11일에 백발을 뽑으면 검은 모발이 생긴다. 11일 목욕하면 재액을 만난다. 이달중 연어뼈를 까맣게 태워 약주와 함께 먹으면 두드러기에 안걸린다. 자일(子日) 자리 이불을 햇볕에 쪼이면 벼룩·이가 근절된다. 또 이날 뜸을 뜨면 만병에 효과가 있다. 이달중 날채소를 먹으면 여러가지 병이 생긴다. 이달중 새우나 자라 등 각갑있는 것을 먹으면 병에 걸린다. 동지날 탐욕스럽게 과식하면 탈이 난다.

12월(十二月)

　13일 야밤중에 목욕하면 내년에 행운이 있다. 24일 술을 마시면 내년에 불이 찾아든다. 24일 집안에 등명을 밝히면 개운의 기틀이 된다. 계묘일(癸卯日) 문호를 만들면 도난을 맞지 않는다.··극한의 날 오전4시 우물물을 깃고 유향(乳香)5푼을 1홉물로 복용하면 열병에 걸리지 않는다. 이달중 고래고기를 먹으면 피를 파괴하고 기억력이 쇠퇴한다. 자일(子日) 머리를 빗으면 무병으로서 무사히 지낼 수가 있다. 이달중 창술(蒼述)을 태우면 습기를 덜어내는 특효가 있다. 묘일(卯日) 무슨일을 해도 성공치 못한다. 섣달 그믐날 밤에 개수대에 등불을 밝히고 약주병에 붉은 종이로 마개를 하고 마마신께 제지내면 어린이가 천연두에 걸리지 않는다. 그믐날밤 온식구가 주방에서 자면 일가가 번영한다.

| 판 권 |
| 본 사 |

대영부비전 〔大靈符秘典〕

값 25,000원

1990년 10월 15일 발행
2003년 10월 15일 재판

편　　자　엄　윤　문
발 행 인　안　영　동
발 행 처　출판사 동양서적
　　　　　서울시 은평구 응암1동 40-6
　　　　　전화 357-4723
등록번호　제 6-11호
등록일자　1976년 9월 6일

ISBN　89-7262-052-1　03180